COORDENAÇÃO
ARTHUR FRAGOZO

AS MELHORES PIADAS DAS REDES SOCIAIS
😂

1ª edição • Brasil • 2016

Editora escala

Editora escala

Título Original - As melhores piadas das redes sociais
Copyright © Editora Escala Ltda. 2016

ISBN 978-85-389-0225-6

Coordenação Arthur Fragozo
Fotos/Ilustrações www.shutterstock.com

livrosescala@escala.com.br

Dados Internacionais de Catalogação na Publicação (CIP)
(Câmara Brasileira do Livro, SP, Brasil)

As melhores piadas das redes sociais / coordenação Arthur Fragoso. -- 1. ed. -- São Paulo : Editora Escala, 2016.

ISBN 978-85-389-0225-6

1. Humorismo 2. Internet 3. Livro de piadas 4. Piadas 5. Redes sociais I. Fragozo, Arthur.

16-07238 CDD-808.882

Índices para catálogo sistemático:

1. Livro de piadas : Literatura 808.882

Todos os direitos reservados. Nenhuma parte deste livro pode ser reproduzida por quaisquer meios existentes sem autorização por escrito dos editores e detentores dos direitos.
Av. Profª. Ida Kolb, 551, Jardim das Laranjeiras, São Paulo, CEP 02518-000
Tel.: +55 11 3855-2100 / Fax: +55 11 3857-9643
Venda de livros no atacado: tel.: +55 11 4446-7000 / +55 11 4446-7132
vendas@escala.com.br - www.escala.com.br

Impressão e acabamento:
Gráfica Araguaia

AS MELHORES PIADAS DAS REDES SOCIAIS

UMA SELEÇÃO DO QUE ROLOU DE MAIS ENGRAÇADO PELO WHATSAPP, FACEBOOK, TWITTER...

😂

Introdução

Para rir e compartilhar

Quer melhor terapia que receber uma piada realmente engraçada e em seguida já compartilhar, acrescentar seus próprios comentários e tornar tudo uma grande brincadeira? As piadas são o maior sucesso nas redes sociais! Não há um grupo de família que não seja bombardeado pelas brincadeiras ou turma de trabalho que resista àquela cutucada no chefe, no cara do TI, no exibido do café... Sem contar nas piadas entre amigos que viram uma eterna gozação. A internet funciona nestas horas como válvula de escape para que as pessoas possam rir mais, brincar mais e viver com qualidade. Aqui você encontra uma seleção das mais engraçadas histórias que circulam nas redes sociais. Prepare-se para gargalhar!

Sumário

BAR	23, 50, 51, 78, 79, 87
CAIPIRA	10, 47, 63, 72, 80, 96
CASAMENTO	13, 14, 15, 16, 18, 19, 24, 25, 27, 34, 52, 58, 59, 81
CLÁSSICAS	43, 60, 91, 93
DIA A DIA	9, 11, 12, 28, 32, 33, 35, 36, 40, 42, 45, 48, 53, 54, 56, 62, 64, 66, 68, 74, 83, 84, 85, 88, 90, 92, 97
FUTEBOL	39
GAÚCHO	46, 71
JOÃOZINHO	26, 57, 70, 77
LOIRA	21, 44, 89
MALUCO	17, 22, 82
MUQUIRANA	20
POLÍTICA	37, 38, 41, 65, 69, 73, 75
RELACIONAMENTO	49, 61, 67, 76, 94, 95
SOGRA	55
TERCEIRA IDADE	29, 30, 31

Cotidiano

Ataque noturno

Um português chegou a um hotel de Manaus e, como estava muito quente, ele abriu a janela, só que começaram a entrar vários pernilongos.

Então, ele ligou para a recepção e reclamou. A atendente disse para ele apagar a luz que eles iriam embora. Ele obedeceu. Depois de um tempinho, começaram a entrar vários vaga-lumes. Ele então tornou a ligar para a recepção reclamando.
A atendente: Mas o que foi agora?
Ele responde: Não adiantou, eles voltaram com lanternas...

Caipira

> Véio, amanhã nóis completa 50 anos de casados. Vamo matá um porco?

> Uai véia, que culpa tem o porco? Melhor nóis matá seus primo, que nos apresentô!

Dia a dia

Avisos aos paroquianos

Olha o que encontramos na comunicação de algumas paróquias:

. Para todos os que têm filhos e não sabem, temos na paróquia uma área especial para crianças.

. O torneio de basquete das paróquias vai continuar com o jogo da próxima quarta-feira. Venham nos aplaudir, vamos tentar derrotar o Cristo Rei!

. Nesta sexta-feira às sete horas, os meninos do Oratório farão uma representação da obra Hamlet, de Shakespeare, no salão da igreja. Toda a comunidade está convidada para tomar parte nesta tragédia.

. Prezadas senhoras, não esqueçam a próxima venda para beneficência. É uma boa ocasião para se livrar das coisas inúteis que há na sua casa. Tragam seus maridos!

. Assunto da catequese de hoje: Jesus caminha sobre as águas. Assunto da catequese de amanhã: Em busca de Jesus.

. O coro dos maiores de sessenta anos vai ser suspenso durante o verão, com o agradecimento de toda a paróquia.

. O mês de novembro finalizará com uma missa cantada por todos os defuntos da paróquia.

. O preço do curso sobre Oração e Jejum não inclui as refeições.

. Por favor, coloquem suas esmolas no envelope, junto com os defuntos que desejem que sejam lembrados.

Cotidiano

Vingança

A mulher está na praia com o marido e passa uma morena com aquele biquininho. Ela olha e diz:
– Amor, você compra um igual pra mim?

Ele responde:
– Esse biquíni não fica bem no teu corpo, que parece mais uma máquina de lavar…

Ela fica triste e a hora passa…

Chega a noite e ele diz:
– Querida, vamos fazer amor?

E ela diz:
– Não compensa ligar a máquina pra lavar uma peça tão pequena. Lava na mão mesmo! 😏

Zé do Vento

Certo dia, um cara chamado José inventou de casar. Sua esposa engravidou e nove meses depois, quando ela foi fazer o parto, era gravidez psicológica, só "vento". Aí lhe colocaram o apelido de "Zé do Vento".

Onde ele passava os caras gritavam: Zé do Vento, Zé do Vento. Um dia ele se enraivou e começou matar quem o chamava de Zé do Vento. O padre então lhe chamou e disse:

– Faça isso não, você está pecando diante de Deus só porque lhe chamam de Zé do Vento.

– Tudo bem padre, não farei isso mais.

Quando saiu da igreja, o padre ouviu tiros, e quando olhou, era Zé do Vento. O padre disse:
– Mas Zé, você acabou de prometer diante de Deus, e ainda continua?

– Padre, Zé do Vento até que vai, mas, pedir meu pinto para encher pneu de bicicleta eu não aceito não.

Vizinha fofoqueira

Uma vizinha diz a outra:
– Vi um médico a sair da tua casa, tem alguém doente?

A outra, rabugenta, responde:
– Outro dia saiu um militar da sua casa, vai ter guerra? Sua fofoqueira. 😡😡😡

Casamento >

Marido ciumento

Um casal estava no restaurante bebendo um vinho caríssimo quando chega um amigo e pergunta:
– O que vocês estão comemorando?

– Nada, eu fui ao médico e ele disse que tenho pouco tempo de vida, tenho Aids.

O amigo se comove diz umas palavras de conforto e vai embora. A mulher pergunta:
– Pedro porque você diz para todo mundo que você tem Aids, se na verdade é câncer?

– Morrer eu vou de qualquer jeito, mas minha mulher... NINGUÉM COME! 😜😂😂

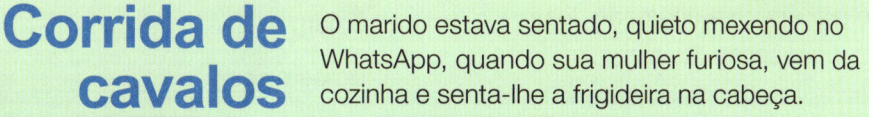

Corrida de cavalos

O marido estava sentado, quieto mexendo no WhatsApp, quando sua mulher furiosa, vem da cozinha e senta-lhe a frigideira na cabeça.

Espantado, ele levanta e pergunta:
– Por que isso agora?

– Isso é pelo papelzinho que eu encontrei no bolso da sua calça, com o nome Marylu e um número...

– Ahh... Isso?! Querida, lembra do dia em que fui na corrida de cavalos? Pois é... Marylu foi a égua em que eu apostei e o número foi o quanto estavam pagando pela aposta!

Satisfeita, a mulher saiu pedindo mil desculpas.

Dias depois, lá estava ele novamente sentado, quando leva uma nova porrada, só que dessa vez com a panela de pressão.

Ainda mais espantado (e zonzo), ele pergunta:
– O que foi dessa vez, Inferno???

– A égua ligou... 😠😠

Casamento

Hora de ler as notícias

O casal estava no barraco transando, na maior empolgação, fazendo um 69, quando ela diz:
– Subiu a gasolina né, Antônio?

– Porra, Edneia, num enche o saco!!! Tamo aqui transando numa boa e tu vem falar de gasolina!? Quem te contou isso?

– Ninguém! Eu to lendo num pedaço de jornal que ficou grudado no teu traseiro...

Duplo sentido

O que a esposa disse que deixou o marido triste e feliz ao mesmo tempo?

– Seu pênis é maior que de todos os seus amigos.

Como se abana

A Maria não gozava. Um dia disse ao Manuel:
– Sonhei que um fortão nos abanava enquanto fazíamos amor e eu tinha tanto prazeire...

Manuel falou:
– Tudo bem, vamos contratar um fortão prá abanaire.

Contrataram um fortão para lhes abanar enquanto transavam. Mas nada da Maria chegar lá. Então ela diz:
– Vamos tentar trocar Manuel: tu abanas e o fortão me come.

"OK", disse Manuel e lá se foi abanar e o fortão comer a Maria. Num instante Maria gozou e o Manuel disse pro fortão:
– Tá vendo como se abana, imbecil.

14

Casamento

Sorte grande

A mulher estava do outro lado da rua, fofocando a vizinha, enquanto seu marido estava em casa conferindo os números da mega-sena.

Quando viu que tinha acertado as 6 dezenas, ele enlouqueceu e começou a gritar da janela.
– Amor, amor, amor! Ganhei!! Ganhei na mega-sena!!!

A mulher atravessa a rua como uma louca, sem ver o ônibus que mata a coitada. O marido então: "Puuuuuuta que pariu, quando a sorte vem, vem com tudo mesmo!" 😂😂😂

Perda de tempo

O garotinho entra no quarto e pega a mãe na posição "cavalgando" com seu pai. Ela assustada, se veste e vai atrás do filho tentando explicar. O garoto, então, pergunta a mãe:
– O que o pai e a senhora estavam fazendo?

– Ora, seu pai tem uma barrigona e eu estava pulando pra tirar o ar dela.

Então, a criança responde:
– A senhora está perdendo seu tempo... Toda vez que a senhora vai ao shopping, a empregada se ajoelha e assopra tudo de volta.

Bolinho

Rapaz namora com sua garota no sofá da sala.

Enquanto isso, a sogra, na cozinha fazendo comida, resolve servir uns petiscos pro rapaz.

Ele se delicia e agradece:
- Sogrinha esse bolinho de bacalhau tá uma delícia!!!

A sogra responde:

- Vai lavar essa mão seu safado. Esse bolinho é de arroz!!! Kkkkkkkkkk 😂😂😂

Casamento

O sexo dos bois

Cavalo faz sexo 52 vezes por ano. O boi faz sexo 365 vezes por ano. Sabendo disso, a mulher vira-se para o marido e diz:
– Adoraria que você fizesse o mesmo que o boi...

O marido responde:
– Pergunta lá pro boi se ele come sempre a mesma vaca!

Cuidado com o vizinho

Marido pega na bunda da esposa e diz: "Se essa bunda fosse durinha, não precisava de calcinha". Pega nos peitos e diz: "Se esses peitos fossem durinhos, não precisavam de sutiã".

A mulher irritada pega no pinto dele e diz: "Se esse pinto fosse durinho, eu não precisava do vizinho!".

Tatuagem

– Mano, tatuei o nome da minha namorada no braço e ela me largou... E agora?

– Como era o nome da doida?

– Era Milla...

– Então, volta lá no tatuador e termina a Frase: Millasquei 😂😂

Milla

Maluco

Doido herói

No hospício, um doido pulou na piscina para se matar.

Um outro doido pulou e salvou o doido que estava se afogando.

No outro dia, o diretor do hospício foi conversar com o doido herói:

– Rapaz, estamos surpresos com o seu ato de coragem e reavaliamos o seu caso. Você receberá alta! Vai poder ir pra casa, mas temos uma má notícia, aquele seu amigo queria mesmo se matar, hoje cedo o encontramos enforcado!

O doido respondeu:

– Fui eu que pendurei ele pra secar!

Casamento

1, 2, 3...

Zé chega em casa doido pra fazer sexo com sua mulher e vai pro quarto.

Dá 1, 2, 3 e vai tomar água. Foi quando se espantou com sua mulher na cozinha e diz:

– Mulher, não era você no quarto?

Ela falou:
– Não! Era a mamãe.

Ele fala:
– Eu acabei de dar 3 com ela!

Ela pergunta:
– Mãe, por que você não falou para o Zé que era você?

A mãe responde:
– Você sabe que não falo com esse nojento.

🤮 😵 😳

A estátua dos Almeida

A mulher está na cama com o amante quando ouve o marido chegar. Vai logo recomendando ao amante:
– Depressa, fique de pé ali no canto.

Rapidamente, ela cobriu o corpo do amante com óleo e sapecou talco por cima. E acrescentou:
– Não se mexa até eu mandar. Finja que é uma estátua. Eu vi uma igualzinha na casa dos Almeida.

Nisso, o marido entra e pergunta:
– O que é isto?

Ela, fingindo naturalidade:
– Ah, é só uma estátua. Os Almeida botaram uma no quarto deles. Gostei tanto que comprei esta igual para nós.

E não se falou mais da estátua. Às duas da madrugada, a mulher já está dormindo e o marido ainda vendo televisão. De repente, o marido se levanta, caminha até a cozinha, prepara um lanche, pega uma latinha de cerveja e vai para o quarto. Ali, se dirige para a estátua e diz:

– Toma filho da puta, come e bebe alguma coisa. Eu fiquei dois dias, que nem um idiota no quarto dos Almeida e nem um copo de água me ofereceram.

😁 😁

Casamento

SABEDORIA DE ZapZap

Entregador de pizza é igual a ginecologista...

Sente o cheiro da danada mas não pode comer!

Ovos de ouro

A esposa encontra em cima do guarda-roupa R$ 7.500,00 reais e 4 ovos e vai correndo perguntar ao marido o que significava aquilo. E ele diz:
– Cada vez que você me irrita, eu guardo um ovo lá em cima do guarda-roupas.

A esposa fica toda contente por ter apenas 4 ovos em cima do guarda roupa e pergunta:
– Mas, e o dinheiro?

Ele responde:
– Toda vez que completa uma dúzia eu vendo!

Corno indigesto

Zezão, desconfiado de sua mulher, sai pra trabalhar e diz:
– Vou trabalhar hoje, mas não sei que horas eu volto.

Saiu e se escondeu em cima de um pé de manga. Não demora muito e senta um homem embaixo da árvore, chupa três mangas, quando aparece a mulher...

Maricleide diz:
– Pode vim meu nego, ele já saiu!

Zezão pula de cima da árvore, arranca um facão da cintura, abre a porta e dá de cara com o homem mamando o peitão de sua mulher. Vai logo dizendo:
– Você vai morrer!

O cara puxa um 38 da cintura e diz:
– Vou morrer por quê?

Zezão logo fala:
– Você chupou 3 mangas e agora tá bebendo leite! Manga com leite mata, disgraça!!!

Muquiranas

Terapia Sexual

Um casal chega ao consultório de um terapeuta sexual. O médico pergunta-lhes:

— O que posso fazer por vocês?

O rapaz responde:

— O senhor poderia observar a gente transando?

O médico olha espantado, mas concorda. Quando a transa termina, o médico lhes diz:

— Não há nada errado na maneira como fazem sexo.

E, então, cobra R$ 70,00 deles pela consulta. Isso se repete por outras semanas: o casal marca horário, faz sexo sem nenhum problema, paga o médico e deixa o consultório. Finalmente, o médico, resolve perguntar-lhes:

— Afinal, o que estão tentando descobrir?

O rapaz diz:

— Não estamos tentando descobrir coisa alguma. O problema é que no Hotel Quatro Rodas, um quarto custa R$ 120,00; no Sheraton, R$ 100,00. Aqui transamos por R$ 70,00 e ainda sou reembolsado em R$ 42,00 pelo Plano de Saúde! 😜

Dívida

Um turco pegou dinheiro emprestado de um judeu. Gabava-se de nunca ter pago uma dívida sequer. O judeu, por sua vez, nunca havia perdido nenhum centavo em qualquer transação. O tempo foi passando e o turco sempre enrolando e se escondendo do judeu.

Certo dia, eles se cruzam no bar de um português e começam a discutir. O turco, encurralado, não encontrando outra saída, pega um revólver, encosta-o na cabeça e diz ao judeu:

— Posso ir para o inferno, mas não lhe pago essa dívida.

Puxa o gatilho e cai morto no chão. O judeu não quis deixar por menos. Pega o revólver do chão, encosta-o na cabeça e diz ao turco recém falecido:

— Vou receber essa dívida, nem que seja no inferno.

Puxa o gatilho e cai morto ao lado do turco! O português, que observava tudo, pega o revólver do chão, encosta-o na cabeça e diz:

— Ai, Jesuis, essa briga não perco por nada!

Loira

Quebrando a cabeça

A loira liga para o namorado:

– Morzinho, é a Bruna, estou com um problemão.

– O que foi, meu amor?

– Resolvi montar um dos quebra-cabeças que você me deu, mas não consigo encaixar nenhuma das peças.

– Querida, eu já lhe ensinei que tem que começar pelos 4 cantinhos, lembra?

– Ah, mas eu não consigo encontrar nenhum.

– Tá bom, amor, me diz qual é a figura. Dá uma olhada aí o que está impresso na caixa.

– É aquele de tigre, mozão, que você deixou na mesa do café da manhã.

– Tigre? – o namorado pensa um pouco, arregala os olhos e grita – guarde já os sucrilhos de volta na caixa!

Sem perdão

A loira está cismada, pois acha que seu marido está tendo um caso. Vai até uma loja de armas e compra um revólver. No dia seguinte, ela volta para casa fora de hora e encontra seu marido na cama, com uma morenaça espetacular. Ela aponta a arma para a própria cabeça, mas o marido pula da cama, implorando e suplicando para que ela não se mate. Aos berros, a loira se livra dele e responde: "Cale a boca, cretino, que você é o próximo!"

Ouvindo vozes

O psiquiatra pergunta pra loira:

– Costuma escutar vozes sem saber quem está falando ou de onde vêm?

– Sim... costumo!

– E quando isso acontece?

– Quando atendo o telefone!

← Maluco

Subindo no Poste

Um rapaz estava passando na rua e viu um doido subindo em um poste. Consumido pela curiosidade ele decidiu perguntar:
– Por que você está subindo nesse poste?

E o doido respondeu:
– Vou comer goiaba.

O rapaz indignado questiona:
– Mas isso é um poste, não um pé de goiaba!

E o doido responde:
– A goiaba está no meu bolso, é minha e eu como onde eu quiser!

Doido é doido

Em um hospício, os loucos estavam combinando que iriam pular o muro pra fugir no sábado.

Na quinta-feira foram treinar.

Eles pulavam pra fora e pra dentro de novo.

Na sexta-feira choveu muito forte.

No sábado a chuva parou e um louco disse ao outro:
– Vai lá ver se dá para fugirmos hoje.

Ele foi mais voltou triste e disse:
– Vamos ter que adiar nossa fuga. A chuva derrubou o muro e não dá pra gente pular.

Bêbado

Palestra

Um bêbado é abordado pela polícia às 3 da manhã. O policial pergunta:
– Aonde vai a esta hora?

O bêbado responde:
– Vou a uma palestra sobre o abuso do álcool e seus efeitos letais para o organismo, o mau exemplo para os filhos, as consequências nefastas para a sociedade, bem como o problema que causa na economia familiar, além de ser uma irresponsabilidade absoluta.

O policial surpreso diz:
– Sério? E quem vai dar essa palestra a esta hora da madrugada?

– A minha mulher... Assim que eu chegar em casa!

Não sei mais!

Na parte de trás do ônibus um bêbado grita:

– Desse banco pra frente todo mundo é corno! E daqui pra trás todo mundo é viado!

Ao ouvir isto, levantam-se alguns dos passageiros, xingando o bêbado e ameaçando cobri-lo de porrada. O motorista, para evitar confusão, freia bruscamente e todos caem. Um deles se levanta, pega o bêbado pelo colarinho e pergunta:
– Fala de novo, safado. Quem é corno e quem é viado?

– Agora eu não sei mais. Misturou tudo!

Casamento

Três esposas

Três esposas conversando sobre seus maridos, eis que a primeira diz:
– O saco do Manuel é frio.

A segunda diz:
 – O saco do Joaquim também é frio.

A terceira diz:
– Nunca reparei isso no meu marido. Hoje à noite eu vejo e conto pra vocês.

No outro dia a mulher aparece toda roxa, machucada, sem dentes e com o braço quebrado. As amigas então perguntam:

– Maria, o que aconteceu?

Ela diz:
– Ontem à noite eu coloquei a mão no saco do José e falei pra ele: Que estranho, seu saco está quente, o do Manuel e do Joaquim são frios! Não vi mais nada, acordei no hospital.

😂😄😂😄

Aguenta coração!

NAMORADA: Amanhã é o dia do meu transplante do coração.

NAMORADO: Eu sei.

NAMORADA: Eu te amo.

NAMORADO: Eu te amo, eu te amo, muito mais.

Quando ela acorda da cirurgia, vê somente o pai ao lado da cama e se desespera.

NAMORADA: Cadê ele?

PAI: Você não sabe quem doou o coração pra você?

NAMORADA: Não acredito!!! – e começou a chorar.

PAI: Tô zuando, ele foi cagar... Era só pra testar o coração novo.

Casamento >

Não adianta esconder

O marido chega em casa com os olhos vermelhos e a mulher pergunta:
– Por que está com esses olhos vermelhos?

E ele responde:
– Fumei maconha, sou vida loka agora.

A mulher diz:
– MENTIRA! Estava assistindo jogo do Flamengo de novo, né? Seu chorão!

Desafio do touro bandido

Coloque a mulher de quatro, enrole o cabelo dela em sua mão, vá até a nuca dela e passe a barba. Dê uma fungada bem profunda e diga assim no ouvido dela:

– Cheirinho da minha ex...

Então tente ficar em cima dela por 8 Segundos.

Sala de aula

Na sala de aula a professora pergunta à classe: "Quantos anos vive uma perereca?". Sorteia um aluno para responder... E deu Joãozinho.

A professora gelou...
Daí, ele responde:
– Em média de 12 a 13 anos.

A professora aliviada e surpresa com a resposta perguntou:
– Como você chegou a essa conclusão?

– Professora, depois disso nasce cabelo e ela vira xoxota.

Canibais

Joãozinho e duas mulheres perdidos no Alaska sem ter o que comer resolveram cortar o próprio corpo para se alimentar.

No almoço, a primeira mulher cortou um pedaço da própria perna e disse: "agora temos pernil para comer!"

No jantar foi a vez da segunda mulher. Ela cortou um pedaço das próprias costas e disse: "Temos lombo!"

Às 23h era a vez do Joãozinho. Ao abaixar o zíper da calça as duas gritaram: "linguiçaaaaaa!"

E ele diz: "linguiça nada! Beber leitinho e dormir!"

Pego no flagra

A professora entra no banheiro, se depara com o Joãozinho no cinco contra um e diz:
– Joãozinho, o que é isso?

– Oi tia... Você num morre mais!

Casamento

Stress do marido

Uma mulher acompanha o marido ao consultório médico. Depois de examinar o marido, o médico chama a esposa reservadamente e diz:

– Seu marido está com stress profundo. A situação é delicada e se a senhora não seguir as instruções à risca, seu marido certamente vai morrer. São apenas 10 instruções que salvarão a vida dele:

1) Toda manhã, prepare para ele um café reforçado;

2) Sempre o receba feliz;

3) Nunca o incomode;

4) Faça sexo no mínimo 3 vezes na semana;

5) Não o atrapalhe quando ele estiver vendo futebol;

6) E se pedir cerveja leve bem gelada;

7) Não o aborreça com problemas do universo feminino;

8) Deixe-o chegar no horário que desejar;

9) Nunca questione, onde ele estava;

10) Esteja pronta pra fazer o que ele quiser.

No caminho de casa, o marido pergunta o que foi que o médico disse. E ela respondeu:
– Ele disse que você vai morrer.

Preocupação da esposa

– Querida, fui atropelado quando estava saindo do escritório. A Simone me levou para o hospital. Já me fizeram várias análises e alguns Raio-X. A cabeça, apesar de ter levado uma grande pancada, não tem lesões graves. Mas estou com três costelas quebradas, braço partido, uma fratura exposta na perna esquerda e muito provavelmente terão que amputar o meu pé direito.

Reação da mulher:
– Quem é Simone? 😡😡😡

Cotidiano

O médico me mandou queimar gordura e ingerir bastante líquido...

28

Terceira Idade >

Natal tem todo ano

Dois velhinhos estavam conversando numa pracinha na véspera do Natal:

– Antenor, que coisa linda é o Natal. Será que existe alguma coisa melhor que o Natal?

– Ah! Aparício… O SEXO também é muito bom!

– E você, o que prefere mais: o sexo ou o Natal?

– Sexo.

– E por quê?

– Porque Natal tem todo ano… 😜

Dicionário da quebrada

ABREVIATURA – ato de se abrir um carro de polícia;

CÁLICE – ordem para ficar calado;

CAMINHÃO – estrada muito grande;

CATÁLOGO – ato de se apanhar coisas rapidamente

DESTILADO – aquilo que não está do lado de lá;

DETERGENTE – ato de prender indivíduos suspeitos;

DETERMINA – prender uma garota;

ESFERA – animal feroz amansado;

NOVAMENTE – diz-se de indivíduos que renovam sua maneira de pensar;

RAZÃO – lago muito extenso, porém pouco profundo;

SIMPATIA – concordando com a irmã da mãe;

TALENTO – característica de alguma coisa devagar;

VOLÁTIL – sobrinho avisando ao tio onde vai.

29

Terceira idade

Sexo na velhice

O velhinho caminhava tranquilamente, quando passa em frente a um prostíbulo e uma prostituta grita:
– Oi, vovô! Porque não experimenta?

O velhinho responde:
– Não, filha, já não posso mais!

A prostituta:
– Ânimo, venha, vamos tentar!

O velhinho entra e funciona como um jovem de 25 anos, três vezes e sem descanso.
– Puxa!, diz a prostituta
– E ainda diz que já não pode mais?

O velhinho responde:
– Ahhh, transar eu posso, o que não posso é pagar!

Aposentadoria miserável.

😝 😂 🤣

Recomendação médica

Uma senhora, já nos seus 70 anos, vai reclamar com o filho que já não estava mais aguentando o fogo de seu idoso marido, que queria fazer amor com ela três vezes ao dia. O filho, preocupado com a reclamação da mãe, vai puxar papo com o pai.

– Papai, eu sei que fazer amor é bom e saudável, mas a mamãe tá reclamando do seu exagero. O que está acontecendo?

– Olha, filho, eu só tô seguindo a orientação do médico... Pode olhar a receita.

O filho, então, pega a receita e lê:

"COMER AVEIA 3 VEZES AO DIA".

Terceira idade >

O velho e o punk

O Velho senta-se no ônibus de frente para um punk. O punk tinha um cabelo comprido com mechas verde, azul, amarela e vermelha. O velho fica olhando pra ele, e ele fica olhando para o velho. O punk, já meio invocado, pergunta ao velho:

– O que foi vovô, nunca fez nada de diferente quando jovem?

O velho responde:

– Sim, eu fiz. Quando fui jovem fiz sexo com uma arara. E estou pensando: será que você é meu filho?

Velhinha safada

A dona de um puteiro resolveu fazer um recadastramento para as garotas que estava precisando de dinheiro e que quisessem trabalhar lá. Não demorou muito tempo e a fila já estava formada na frente do boteco. Uma velhinha que estava passando por ali ficou curiosa e foi logo perguntando:

– Oh minha filha, esta fila é para quê?

E a moça, com vergonha de dizer tal indecência para a coroa, respondeu:

– É para catar laranja no pé, tia.

E a velhinha resolveu entrar na fila. Esperou um pouco, até que chegou a vez dela. A dona do puteiro espantada com a noventona, indagou:

– A senhora nesta idade ainda trepa?

– Trepar eu não trepo, mas chupo que é uma beleza!

😍😂😍😂

Cotidiano

A morte do Rafael...

Rafael era um antigo funcionário de uma cervejaria no interior de São Paulo.

Ele era feliz no trabalho, pois seu sonho sempre foi ser degustador de cerveja, bebida que tanto adorava.

Certa vez, trabalhando no turno da noite, ele caiu dentro de um tonel de cerveja.

Pela manhã, o vigia deu a triste notícia:

– É com profundo sofrimento que informo que Rafael se desequilibrou, caiu no tonel de cerveja e infelizmente morreu afogado.

Um grande amigo de Rafael, com a voz muito triste, pergunta:
– Meu Deus! Será que ele sofreu?

O vigia então responde:
– Acredito que não, porque, segundo as imagens da câmera de segurança, ele chegou a sair três vezes do tonel para mijar.

No velório

– Qual a senha do Wi-Fi?

– Respeita o falecido!

– Tudo junto? 😝

Ajudinha

– Ontem um ladrão entrou na minha casa e começou a procurar dinheiro. Vê se pode! Eu levantei e comecei a ajudar... Vai que a gente acha! 😏😜

Cotidiano

Nota de cem

– Agora eu sei por que tem um peixe na nota de cem reais.

– Por quê?

– Porque dinheiro que é bom, NADA!

Retiro

"Pessoal, estou convidando vocês para participar de um retiro que eu mesmo estou organizando para o feriado. Preço por pessoa é de R$ 50,00 e o casal R$ 90,00. Funciona assim: vocês depositam na minha conta e eu RETIRO."

Direitos iguais

Na biblioteca de uma faculdade, um rapaz perguntou pra uma moça:
– Se importa se eu sentar ao seu lado?

A moça respondeu gritando:
– Eu não quero passar a noite com você!

Todos os estudantes na biblioteca ficaram olhando para o rapaz, deixando-o constrangido. Depois de alguns minutos, a moça se aproximou do rapaz e lhe disse:
– Eu estudo Psicologia e sei o que os homens pensam. Você ficou constrangido, não foi?

O rapaz respondeu gritando:
– 200 paus por uma noite? Isso é um roubo!

Todo mundo olhou chocado para a moça. O rapaz então se aproximou e disse:
– Eu estudo Direito e sei como fazer alguém se sentir culpado.

SABEDORIA DE ZapZap

Seu marido engordou? Está feio? Velho? Sem graça? Incentive-o a caminhar 5 km de manhã e 5 km à tarde. Em uma semana ele já estará a 70 km de distância!

Casamento

Se você falar que vai pescar nesse feriado... o bagulho vai ficar feio pro teu lado!

Calma amor, eu não vou não. Me chamaram mais eu prefiro curtir esse feriado com você.

Cotidiano

Aviso da secretária

A secretária notou que o chefe estava com o zíper aberto, no meio de uma reunião de diretoria. Tenta avisá-lo, sem chamar atenção das outras pessoas ali presentes:

– Doutor... O senhor esqueceu a porta da sua garagem aberta!

Ele entende, fecha rapidamente o zíper e fala no ouvido dela:

– Por acaso a senhora viu o meu batom vermelho?

E a secretária, rindo:

– Não, senhor! Tudo o que vi foi um fusquinha desbotado, com os pneus murchos!

A piriguete e o papagaio

Tinha um papagaio na porta da barbearia e sempre que uma menina passava ele falava: "E aí, piriguete?".

Ela, já chateada, se queixou para o dono que resolveu dar um castigo no papagaio, pintando o bichinho de preto.

Dois dias depois, ela passou e o papagaio todo pintado de preto não disse nada. Curiosa e rindo muito, ela pergunta: "E aí, hoje você não vai dizer nada?"

E ele responde, tranquilamente: "Quando estou de smoking, não falo com puta".

Cotidiano

SABEDORIA DE ZapZap

Se algum dia você dormir no trabalho e seu patrão chegar, abra os olhos naturalmente e diga: "Abençoe também o meu chefe. Amém!"

Aluguel

– Quanto está o aluguel da casa?

– 300 reais

– E passa ônibus na porta?

– Olha, já vi passar geladeira, sofá, televisão... mas ônibus nunca vi não!

😜😂

Japonês ligando para o chefe

O japonês telefona para o chefe:
– Sefi, Japa no vai trabaia hoji, muito doenti. Dô cabeça, dô baliga, dô perna. No vai!

Diz o patrão:
– Mas Japa, eu preciso muito de você aqui, hoje! Olhe, quando eu me sinto assim, eu procuro minha mulher e peço para ela fazer sexo comigo. Isto me faz sentir melhor e então eu posso trabalhar. Tente isso!"

Algumas horas mais tarde, o japonês telefona e diz:
– Sefi, fizi o que sefi mandô. Sinto booom! Za vai trabaiá. Bonita sua casa, sefi!"

Política

Isto é um assalto! Passa pra cá todo o **SEU** dinheiro!

Tudo bem, fique calmo, eu sou um **POLÍTICO** de renome.

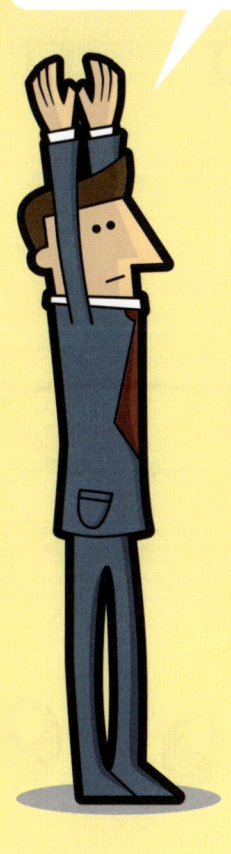

Certo. Neste caso então, passa pra cá todo o **MEU** dinheiro!

Muito prazer

Um político encontra uma morena bonitona e diz:
– Muito prazer, tenho 40 anos e sou um deputado honesto.

– Encantada, eu tenho 35 anos e sou uma prostituta virgem!

Política

Previsões

Um astrólogo peruano disse que 2016 será o ano do consumismo.

Você ficara...
com su mismo carro,
com su mismo sapato,
com su mismo vestuário,
com su mismo imóvel e,
se tiver muita sorte,
com su mismo trabalho...

SABEDORIA DE ZapZap

Bom mesmo seria se um político pegasse febre aftosa. Seríamos obrigados a sacrificar todo o rebanho!

Sujou!

Os politicos, assim como as fraldas, devem ser constantemente trocados. E ambos pelo mesmo motivo.

Um bom conselho

Um médico foi a Itabuna-BA ver a mulher que teve dois filhos gêmeos e que botou o nome deles de POLÍTICO e BRASIL. Quando chegou, a mãe estava amamentando POLÍTICO. Ele perguntou:
– Cadê o BRASIL?

A mãe lhe respondeu:
– É melhor deixar ele dormindo! Se o BRASIL acordar, POLÍTICO para de mamar! 😂😂😂

Futebol

Torcedores na sala

O professor diz:
– Pode sair todo mundo da sala, menos os quatro ferinhas: Claudinho (Colorado); Maloca (corintiano); Studito (palmeirense) e o Juquinha (gremista).

Diz o professor:
– São os feras da sala, não são? Então vocês só serão aprovados se responderem corretamente a pergunta que irei fazer. O que a minha pica tem a ver com o Hino Nacional Brasileiro?

E em seguida arranca uma pica de 28 cm e bate-a na mesa!

O Gremista sai correndo, quebrou a janela e pulou.

O Corintiano responde logo:
– Gigante pela própria natureza!

O Palmeirense diz:
– És belo, és forte, impávido colosso!

E o Colorado, meio sem graça, foi abaixando as calças e falou:
– Verás que um filho teu não foge à luta!

Celular quebrado

Enquanto isso, na assistência técnica:

Tu conheces alguém que entende de vírus de celular? Se escrevo Vasco, ele liga a lanterna... Se escrevo Corinthians some meus créditos... Se escrevo Grêmio ele vibra... Se escrevo Palmeiras ele cai... E quando escrevo Inter a tela fica rosa e ele solta o botão!

Cotidiano

O que eu tenho?

– Doutor, não levanto mais a cabeça, dou risada sozinho, não converso mais com as pessoas, não dou atenção quando falam comigo... O que eu tenho doutor?

– Whatsapp. 😖😖😖

Não precisa ter pressa

O avião decola e o piloto diz:
– Senhores passageiros apertem os cintos e tenham uma ótima viagem.

Ele esquece o microfone ligado e fala pro copiloto:
– Agora vou deixar no piloto automático, vou dar uma cagada e depois comer a aeromoça...

A aeromoça ouvindo aquilo se assusta e sai correndo para avisar que o microfone estava ligado, quando tropeça e cai perto de uma velha, que olha pra ela e diz: "Calma minha filha, ele vai cagar primeiro."

SABEDORIA DE ZapZap

A voz do povo não é a a voz de Deus... Ele jamais falaria "prástico", "pobrema", "framengo"...

Política

Exemplo

Falem o que quiserem, mas os presídios brasileiros da época do regime militar deveriam servir de exemplo por resto do mundo. Eles sim melhoravam os presos. Entraram sequestradores, assassinos, ladrões de banco... Saíram deputados, governadores, ministro e até presidentes!

Decepção do Dia

Emprestei dinheiro para um amigo cego. Como ele demorava a pagar, liguei cobrando. A resposta foi: Quando me ver, ele me paga.

Cego safado. 😖😖😖

Cotidiano

Na sala de aula

Pergunta da professora:
– Qual a região onde predomina a caatinga?

Aluno:
– Debaixo do braço. 😝😄😄

A freira vai ao médico:

– Doutor, tenho tido um ataque de soluços, que não me deixam viver. Não durmo, não como, e tenho dores no corpo de tanto movimento compulsivo involuntário.

– Tenha calma, irmã, que vou examiná-la.

Ele examina-a e diz:
– Irmã, a senhora está grávida!

A freira levanta-se e sai correndo do consultório, com cara de pânico.

Uma hora depois o médico recebe uma chamada da madre superiora do convento:
– Doutor, o que o senhor disse à irmã Carmem?

– Cara madre superiora, como ela tinha uma forte crise de soluço, eu disse-lhe que estava grávida. Espero que com o susto ela tenha parado de soluçar!

– Sim, a irmã Carmem parou de soluçar, mas o padre Paulo saltou da torre da igreja!

Clássicas ›

Ai, que preguiça

Quando Pedro Álvares Cabral chegou ao Brasil, pediu a um índio que estava sentado debaixo de um coqueiro:
– Amigo, como chamas?

O Índio respondeu numa calma.
– Mim chamar Bah!

– Pois bem senhor Bah. A vela do meu barco rasgou. Preciso que o senhor vá nadando até aquele outro navio e avise aos meus companheiros que descobrimos uma nova terra. Em troca dos seus serviços nomearei essa terra de Bahfoi, para que o mundo não se esqueça do seu nome.

O índio sem sequer mover a cabeça responde:
– Oh meu rei, Bah tá com uma preguiça, numa lesera, melhor o senhor chamar a terra de Bahia, porque Bah não vai.

Loira

Comida, água e créu

Uma loira ia se jogar no mar, quando aparece um marinheiro:
– Moça, não faça isso!

– Vou me jogar, minha vida é uma droga!

– Não faça isso! Olha, meu navio está de partida para a Europa. Por que você não vem comigo e pensa melhor? Se, chegando lá, você ainda quiser se matar, pelo menos terá conhecido a Europa...

A moça achou a proposta razoável e seguiu com ele para um bote salva-vidas, onde viajaria clandestinamente. Durante duas semanas ele a visitava a noite, trazendo comida, água e transava com ela.

Até que um dia o capitão fez uma inspeção nos botes e descobriu a moça. Ela, sem saída, lhe contou a verdade:

– Olhe, eu estou aqui, seguindo para a Europa, porque um marinheiro me trouxe... Todas as noites ele me traz comida e água, e em agradecimento eu dou para ele. E combinamos assim até chegarmos à Europa... Ainda falta muito?

O capitão respondeu:
– Não sei, moça. Por enquanto, esta balsa só faz a travessia de Itajaí a Navegantes mesmo.

Treinamento da loira

A loira chega à autoescola vestida de goleiro. O instrutor pergunta:
– Por que está vestida assim?

E a loira toda feliz responde:
– Você disse que o Pálio está estragado e iria me treinar no Gol.

Cotidiano

Coiso muito pequeno

Um cara tinha o coiso muito pequeno. Ele estava numa festa quando viu uma loira deliciosa. Não se aguentou de tesão e resolveu investir. Aproximou-se e puxou conversa. Tanto fez que conseguiu sair com a loira para um lugar mais reservado. Começou, então, a bolinar a moça e, quando o clima esquentou, ele disse:
– Deixa, vai?

E ela:
– Não, de jeito nenhum.

– Deixa, rapidinho.

– Nãooo! Disse ela, irredutível.

– Vai, deixa. Só a cabecinha, só a cabecinha.

– Tá legal. Só a cabecinha, hein?

Como ele tinha o coiso pequeno, não pensou duas vezes e colocou tudo. Ela adorou a sensação e gritou louca:
– Ai que delícia, coloca tudo, vai!

Ele parou e disse:
– Ah Não, trato é trato!

Reencontro

Jorge chega tarde da noite em casa e encontra sua mulher furiosa, que sai arremessando vasos e perguntando aos berros: "Posso saber onde o bonito estava até essa hora?"

– Fui ao alcoólicos anônimos amor!

Assustada com a resposta, a mulher sentiu um alívio e até certa culpa. O marido afoito então conclui:

– Mas chegando lá não tinha nenhum anônimo, era tudo conhecido. Aí saímos de lá e fomos pro bar comemorar o reencontro. 😂😂

SABEDORIA DE ZapZap

Tranque sua esposa e seu cachorro por duas horas no porta-malas do carro. Na hora de abrir, veja quem vai ficar mais feliz em te ver!

Gaúcho

Escolha do gaúcho

A aeromoça oferece comida a um gaúcho que está sentado ao lado de uma vegetariana muito radical, dentro de um avião.

O gaúcho (chique, lógico) pega logo aquela picanha, bem macia e com um dedo de gordura em volta.

– A senhora aceita o mesmo que ele? Pergunta a aeromoça à vegetariana.

Demonstrando extrema indignação, ela responde:

– Prefiro ser agarrada selvagemente e enrrabada por um homem de dois metros de altura, do que botar um pedacinho dessa porcaria na boca!

O gaúcho escuta e devolve a picanha à aeromoça dizendo:
– Desculpe! Eu não sabia que tinha essa opção. Também quero!

Eu sei!

Um gaúcho chega em casa e diz:
– Se prepara que eu estou com fogo! Hoje eu quero.

E a mulher responde:
– Não posso, bem! Estou menstruada.

O gaúcho retruca:
– Então vai atrás mesmo... E não adianta falar que dói, pois eu sei que não dói! 😍😘

Um trem

Na lanchonete da esquina estava sentado um gaúcho e chega um mineiro e senta à sua frente e diz:
– Rapaz... Estou com tanta vontade de comer que se fosse possível comeria até um trem!

– Um trem? – disse o gaúcho.

– É, um trem, por quê?

– Piuí, tic-tac, piuí, tic-tac, piuí, tic-tac...

Caipira

Não corto não!

Um caipira pergunta para uma mulher bem gostosa e lindona:
– Moça, sô hómi bão, trabaiadô, e quero sair cum cê. Sô da roça má tenho bom gosto sô.

A mulher olha para o caipira e responde:
– Pra ficar com você, só se tiver uma Ranger, 500 cabeças de gado e um pinto de 25cm.

O caipira responde:
– Moça, vendo a Hilux e fico só com a Ranger. Dou 14.500 cabeças de gados das 15.000 que tenho, e fico só com 500. Mas cortar 5cm do meu pinto não corto não!

😂 😂 😂

Sexo na fazenda

Caminhavam os primos pela fazenda quando a prima viu o boi traçando a vaca:

– Uai primo, o que eles estão fazendo?

– Uai prima, o vaca tá no cio e o boi tá resorvendo o pobrema dela.

– Ara primo, e comé que o boi sabe que ela tá no cio?

– Ele sente o cheiro, ora!

E assim continuaram andando. Mais adiante a prima vê os porcos e faz a mesma pergunta:

– Uai primo, o que que eles tão fazendo?

No final da caminhada a prima vê outra vez o boi e a vaca e pergunta:

– Primo, posso te fazer uma pergunta?

– Fala prima?

– Cê tá com o nariz entupido?

SABEDORIA DE ZapZap

Tenho que discutir a relação com o meu dinheiro. Toda vez que faço planos, ele já tem compromisso!

Cotidiano

Farinha do mesmo saco

Duas irmãs, uma bonita e a outra feia demais! O cara pergunta para a mãe delas:

– Como pode duas irmãs serem tão diferentes se são farinha do mesmo saco? A mãe respondeu:

– São, mas a mandioca é diferente!

Receita de peixe na cerveja

INGREDIENTES:

2 Kg de peixe

1 Lata de azeite

2 Pimentões vermelhos

2 Dentes de alho

4 Cebolas médias

1 Kg de tomate

Sal a gosto

12 Latas de cerveja

1 Mulher

MODO DE PREPARO:

Ponha a mulher na cozinha com os ingredientes e feche a porta.

Tome cerveja durante duas horas e depois peça para servir o peixe.

É uma delícia e quase não dá trabalho!

Relacionamento ❯

Rapidinhas!

Se a pílula do dia seguinte já é um aborto, então surge umas questões jurídicas: Seria a punheta um assassinato premeditado? Sexo oral canibalismo? Gozar fora abandono de menores? Camisinha seria assassinato por asfixia? Sexo anal seria mandar o seu futuro filho à merda? Esse mundo tá perdido mesmo...

Ter uma amiga mulher é como ter uma galinha de estimação. Cedo ou tarde você vai acabar pensando em comê-la.

Se você acha que a vida está ruim pra você por quê não pega ninguém, imagine pro Edward Mãos de Tesoura, que nem punheta pode bater.

10 Mitos e verdades sobre o consumo de cerveja

1 A CERVEJA MATA?

Verdade. Sobretudo se a pessoa for atingida por uma caixa de cerveja com garrafas cheias. Além disso, casos de infarto do miocárdio em idosos teriam sido associados às propagandas de cervejas com modelos boazudas.

2 O USO CONTIÍNUO DO ÁLCOOL PODE LEVAR AO USO DE DROGAS MAIS PESADAS?

Mito. O álcool é a mais pesada das drogas: uma garrafa de cerveja pesa cerca de 900 gramas.

3 CERVEJA CAUSA DEPENDÊNCIA PSICOLÓGICA?

Mito. 89,7% dos psicólogos e psicanalistas entrevistados preferem uísque.

4 MULHERES GRÁVIDAS PODEM BEBER SEM RISCO?

Verdade. Está provado que nas blitz a polícia nunca pede o teste do bafômetro pras gestantes. E se elas tiverem que fazer o teste de andar em linha reta, sempre podem atribuir o desequilíbrio ao peso da barriga.

Bar >

5 CERVEJA PODE DIMINUIR OS REFLEXOS DOS MOTORISTAS?

Não. Uma experiência foi feita com mais de 500 motoristas: foi dada uma caixa de cerveja para cada um beber e, em seguida, foram colocados um por um diante do espelho. Em nenhum dos casos, os reflexos foram alterados.

6 A BEBIDA ENVELHECE?

Verdade. A bebida envelhece muito rápido. Para se ter uma ideia, se você deixar uma garrafa ou lata de cerveja aberta ela perderá o seu sabor em aproximadamente quinze minutos.

7 A CERVEJA DIMINUI O RENDIMENTO ESCOLAR?

Mito. Pelo contrário. Alguns donos de faculdade estão aumentando suas rendas com a venda de cervejas nas cantinas e bares da esquina.

8 A PROPAGANDA FAZ COM QUE A BEBIDA CHEGUE AOS ADOLESCENTES?

Mito. Inúmeras pesquisas foram feitas por laboratórios de renome e todas indicam, em primeiríssimo lugar, o garçom.

9 CERVEJA ENGORDA?

Mito. Em 100% dos casos, quem engorda é você.

10 A CERVEJA CAUSA DIMINUIÇÃO DA MEMÓRIA?

Que eu me lembre é **Mito**.

51

Casamento

Mulher pede perdão

A esposa liga para o marido:
– Você me perdoa? Te dei um calmante no lugar do remédio para diarreia. Como você está, amor?

– Todo cagado. Mas calminho, calminho!

Lua de mel

A mulher chega da lua de mel e encontra a mãe que lhe pergunta:
– Correu tudo bem filha?

A jovem diz:
– Terrível mamãe! Sabe, o Fernando é um animal, acabou comigo! 😵

E a mãe lhe diz:
– Bom filha, a lua de mel é assim mesmo. Lembro-me quando…

– NÃO MÃE! O Fernando é mesmo um animal!!! Imagina que ele começou a me apalpar assim que chegamos à recepção do hotel e, quando chegamos ao quarto, atirou-me para cima da cama e deu quatro seguidas! Quando eu quis ir ao banheiro, ele atirou-me no sofá e deu mais duas! Quando cheguei ao banheiro, deu uma no box, abriu a água e deu mais duas! Quando estava me secando deu mais duas em cima da pia, e assim foi durante as 24 horas de cada um dos 15 dias da lua de mel. E isso não é nada! No avião de volta, meteu-me no banheiro e quando chegamos, três no banheiro do aeroporto. Ao chegar em casa, mais duas no chão da sala! Não sei o que fazer mamãe, já não aguento mais o Fernando.

– Sabe o que você tem que fazer filha? Quando Fernando chegar do trabalho diga que está no período menstrual, assim você pode ter uns dias de descanso. Depois me conte o que aconteceu...

A moça chega em casa e fica à espera do marido. Ele, ao vê-la, atira-se a ela logo no hall de entrada. Ela o empurra e diz:
– Para meu amor, a minha menstruação chegou!!!

Então, ele vai à sala e volta com uma garrafa de champanhe e dois copos.

Ela assombrada pergunta:
– O que é isso?

E ele responde:
– Vamos festejar, porque hoje começa a semana do rabo! 😳

Cotidiano >

Bicicleta do alemão

Um alemão chega de bicicleta ao velório de um importante político. Ele encosta ela próximo à rampa de acesso do cerimonial, quando é abordado por um segurança que diz:
– Amigão, você não pode deixar a bicicleta neste local, pois neste momento estão presentes os políticos brasileiros.

Então o alemão responde:
– Ahhh, non se preocupar, eu trazer cadeado!

😝 😝 😏

Torcida

Um São Paulino chega a um açougue em seu carro importado e pede 5 kg de picanha, 10 kg de alcatra e paga tudo com cartão de crédito internacional.

Um Santista chega em seguida em seu carro popular e pede 10kg de maminha, 5kg de alcatra e paga em dinheiro.

Por último chega um Corintiano num carro velho todo arrebentado, escrito no vidro dianteiro VIDA LOKA... E no vidro traseiro É DEUS NO CÉU E NÓIS NO CORCEL... e fala pro açougueiro:
– Tem asa?

O açougueiro fala:
– Tem sim.

– Então voa mano, que é um assalto!

Vida alheia

Um homem vê uma moça bebendo cerveja e diz:
– Nossa, uma moça tão jovem e bonita bebendo.

A moça responde:
– Meu avô morreu com 99 anos

O rapaz revida indignado:
– E ele bebia por acaso?

Com um sorriso ela responde:
– Não, ele cuidava da vida dele.

53

Cotidiano

SABEDORIA DE ZapZap

Você sabia que estudos apontam que o tamanho que as mulheres mais gostam são 16 centímetros?

16 cm

0 cm

54

Sogra >

Mala surpresa

O sujeito está saindo do seu apartamento com uma mala e cruza com o vizinho, que pergunta:

– Aonde você vai com essa mala, Alberto?

– Ah, me cansei da minha sogra! Pra você ter uma ideia, só hoje ela me xingou de vagabundo, inútil, preguiçoso, insensível, cretino, fracassado... Cansei!

– Ahhh, mas que velha folgada! Eu fico louco com essas coisas! Dá vontade de matar, cortar em pedacinhos e jogar no rio!

– E o que você acha que eu estou levando na mala? 😜😆😄

Visita da sogra

O sujeito abre a porta e dá de cara com a sogra.

– Olá, sogrinha! – cumprimenta ele, fingindo satisfação. – Que bom que a senhora veio nos visitar.

Então ele percebe que ela está com uma maleta nas mãos.

– Quanto tempo a senhora pretende ficar com a gente? – pergunta, preocupado.

– Ah, acho que até vocês se cansarem de mim!

– Sério mesmo? Não vai nem tomar um cafezinho?

Melhor se prevenir

– Querido, onde está aquele livro "Como viver 100 anos?"

– Joguei fora!

– Jogou fora? Por quê?

– É que a sua mãe vem nos visitar amanhã e eu não quero influenciar ela a nada.

Cotidiano

FRANGO BOVINO KG 3,99

Joãozinho

Velocidade máxima

A professora pergunta ao Joãozinho:
– Joãozinho, o que é sexo?

Ele responde:
– É nós dois em uma moto sem freio à 200km/h, sem capacete e alcoolizado, em uma curva perigosa!

A professora:
– Mas, Joãozinho, o que isso tem a ver com sexo?!

Ele responde:
– Não sei não! Mas que a gente ia se fuder, a isso a gente ia!

Professor de ciências

O professor de ciências explicava:
– Uma vagina normal pode receber um pênis de até 20 centímetros, muito embora o tamanho médio de um pênis em estado de ereção seja de cerca de 14 centímetros...

– Péra lá! – interrompe o Joãozinho. – Quer dizer que nessa cidade tem pelo menos 500 quilômetros de vagina mal aproveitada?

Ainda funcionava

Joãozinho juntou uns trocados e comprou uma bicicleta bem velhinha. Dias depois roubaram a bicicleta e Joãozinho, desesperado, saiu a procurar, chorando... Em dado momento ele sentou na calçada de uma igreja, onde acontecia o velório de uma senhorinha. O padre pensando que ele chorava por causa da velha, falou:
– Não chore meu filho ela tava velhinha.

Joãozinho diz:
– É padre, mais a rodinha de trás tava boazinha e ela aguentava muito pau ainda!

57

Casamento

Loja de marido e esposa

Foi inaugurada em Nova York, a primeira Loja de Marido (The Husband Store), uma nova e incrível loja, onde as damas vão escolher um marido.

Na entrada, as clientes recebem instruções de como a loja funciona:

INSTRUÇÕES

- Você pode visitar a loja APENAS UMA VEZ!
- São seis andares e os atributos dos maridos à venda melhoram à medida que você sobe os andares.
- Mas há uma restrição: pode comprar o marido de sua escolha em um andar ou subir mais um, MAS NÃO PODE DESCER, a não ser para sair da loja, diretamente para a rua.

Assim, uma dama foi até a loja para escolher um marido.

No primeiro andar, um cartaz na porta:

ANDAR 1 – Aqui todos os homens têm bons empregos.

Não se contentando, a mulher subiu mais um andar...

No segundo andar, o cartaz dizia:

ANDAR 2 – Aqui os homens têm bons empregos e gostam de crianças.

Casamento >

No terceiro andar, o aviso dizia:

ANDAR 3 – Aqui os homens têm ótimos empregos, gostam de crianças e são todos bonitões.

– Uau! – ela disse. Mas foi tentada e subiu mais um andar.

No andar seguinte, o aviso:

ANDAR 4 – Aqui os homens têm ótimos empregos, gostam de crianças, são bonitos e gostam de ajudar nos trabalhos domésticos.

– Ai, meu Deus! – disse a mulher, mas continuou subindo.

No andar seguinte, o aviso:

ANDAR 5 – Aqui os homens têm ótimos empregos, gostam de crianças, são bonitões, gostam de ajudar nos trabalhos domésticos, e ainda são extremamente românticos.

Ela insistiu, subiu até o 6º andar e encontrou o seguinte aviso:

ANDAR 6 – Você é a visitante número 31.456.012 neste andar. Não existem homens à venda aqui. Este andar existe apenas para provar que as mulheres são impossíveis de agradar.

Obrigado por visitar a Loja de Maridos.

....

Posteriormente, abriu-se uma loja do outro lado da rua chamada Loja de Esposas (The Wife Store), também com seis andares e idêntico regulamento para os compradores masculinos.

ANDAR 1 – Aqui as mulheres que adoram fazer sexo.

ANDAR 2 – Aqui as mulheres que a doram fazer sexo e são muito bonitas.

Os andares 3, 4, 5 e 6 nunca foram visitados. 😂😂😂

Clássicas

Presente de Deus

No primeiro dia, Deus criou o burro e disse:
– Você deve, diariamente, ir ao campo com o fazendeiro, ficar sob o sol, trabalhar arando a terra, carregar mantimento para alimentar o fazendeiro. Eu lhe dou 60 anos de vida.

O burro respondeu:
– É uma vida muito sacrificada para mim durante 60 anos. Eu aceito 20, mas devolvo os outros 40.

E Deus aceitou. No segundo dia, Deus criou o cachorro e disse:
– Fique sentado todos os dias sob o sol, na frente da casa e lata para qualquer um que passar. Eu lhe dou uma vida de 20 anos.

O cachorro disse:
– É uma vida muito longa para ficar latindo. Dê-me 10 anos e eu devolvo os outros 10.

E Deus aceitou. No terceiro dia, Deus criou o macaco e disse:
– Divirta as pessoas, faça-as rir. Eu lhe concedo 20 anos.

O macaco disse:
– Fazer macaquice por 20 anos é muito chato. Para o cachorro o Sr. Concedeu 10 anos. Faça o mesmo comigo.

E Deus concordou. No quarto dia, Deus criou o homem e disse:
– Coma, durma, brinque, faça sexo e não se preocupe com nada. E lhe concedo 20 anos.

O homem respondeu:
– O quê? Só 20 anos? Que miséria! Veja, eu pego os meus 20, os 40 que o burro devolveu, os 10 do macaco e os 10 do cachorro. Isso faz 80 anos!

– Está bem. – Deus respondeu – Negócio fechado!

É por isso que durante os 20 primeiros anos de nossa vida nós comemos, dormimos, brincamos, fazemos sexo... E não fazemos mais nada. Nos 40 anos seguintes nós trabalhamos como um burro de sol a sol. Nos outros 10 anos fazemos macaquices para distrair os netos. E nos últimos 10 anos ficamos sentados na frente da casa cuidando da vida de todo mundo.

Relacionamento >

Mulher ciumenta dá zica...

Foi descoberto pelos cientistas que o virus Zica também pode ser transmitido pelo celular por meio de aplicativos.

O caso mais recente foi na cidade de Barra do Garças/MT, onde um homem deixou o celular destravado perto da esposa e deu a maior Zica.

Sintomas: dor de cabeça, no corpo, muitas manchas vermelhas quase roxas.

SABEDORIA DE ZapZap

Namoro a distância é igual orelha de vaca: perto do chifre e longe do rabo.

O homem tem que mandar sempre!

Quanto mais o homem mandar, melhor o casamento fica. O homem deve mandar chocolates, presentes, recados carinhosos, convites para jantares, passeios, viagens...

Sobre ciúmes

– Deixe-me ver se eu entendi Você estava andando com a faca na mão, tropeçou e acertou o peito dela?

– Sim, policial

– Nove vezes? 😁😁😁

Cotidiano

Fetiche do taxista

Um taxista faz uma corrida para uma freira e diz:
– Eu tenho um fetiche de beijar uma freira!

– Bom se você for solteiro, flamenguista e católico...

O taxista respondeu:
– Sou tudo isso

Os dois se beijaram. Logo depois o taxista começou a rir e disse:

– Preciso confessar: sou casado, vascaíno e macumbeiro!

A freira respondeu:
– Sem problemas, eu também menti: estou indo a uma festa a fantasia, sou travesti, me chamo Joel e sou torcedor do Internacional. 😝😂😂

Rico!

Ultimamente estou me sentindo rico, só vou a lugares caros: supermercado, posto de gasolina e farmácia!

Polícia conversando na rádio

– Sr. Sargento, chegamos ao local do crime.

– Passe o relatório.

– Uma mulher matou o marido. Foram 35 facadas, dois tiros, depois de asfixiar e decapitá-lo, e por fim o queimou...

– Nossa, qual foi o motivo do crime?

– Ele pisou onde ela estava passando o pano...

– E conseguiram capturar a mulher?

– Ainda não Sargento, estamos esperando o piso secar. 😳😳 ✓✓

Caipira >

Frio nas alturas

Um casal de gays viajava de avião quando confessa para o seu namorado que seu maior desejo era transar com ele nas alturas.

O namorado, preocupado, alega ser impossível, pois o avião estava lotado de passageiros.

Porém ele insiste dizendo que todo mundo estava dormindo, inclusive a tripulação.

Para provar que era verdade ele se levanta e pergunta:
– Alguém aí tem um lenço?

Silêncio total, nenhuma resposta.

O namorado então se convence e os dois pimba!

Horas depois uma comissária passa para dar uma geral no avião e encontra um caipira tremendo em seu assento.
– O senhor está doente? Está sentindo alguma coisa? – ela pergunta.

E o caipira, responde:
– Não minha fia, eu tô só com muito frio por conta desse ar gelado.

– E porque o senhor não pediu um cobertor?

– Cê é doida fia? Um caboclo ali pediu um lenço e traçaram o rabicó dele! Imagina se eu pedisse um cobertô?! 😁😁

SABEDORIA DE ZapZap

Se passando álcool nas mãos você fica imune a várias bactérias, bebendo então você fica quase imortal.

63

Cotidiano

Rapidinhas!

A partir de hoje, quem for pego no bafômetro, vai ter que se explicar direitinho! Como consegue ter dinheiro pra comprar gasolina e cerveja ao mesmo tempo!

Com a diminuição da maioridade penal, o Corinthians corre risco de perder a categoria de base.

A situação do mercado financeiro anda tão ruim que já tem mulheres se casando por amor.

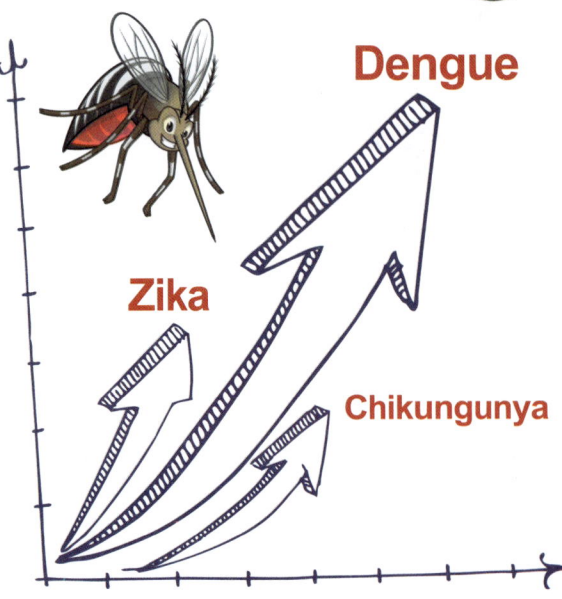

Dengue

Zika

Chikungunya

Não reclame da crise no Brasil. Trabalhe! Seja criativo! Faça como o *Aedes aegypti*, que começou pequeno e hoje é já emplacou 3 produtos no mercado e possui planos de expansão!

Política >

Adão, onde você acha que estamos?

Ora Eva, no Brasil, é claro!

Não notou que estamos pelados, sem comida, sem casa, sem transporte, sem educação, sem hospitais e ainda nos dizem que estamos no paraíso?

65

Cotidiano

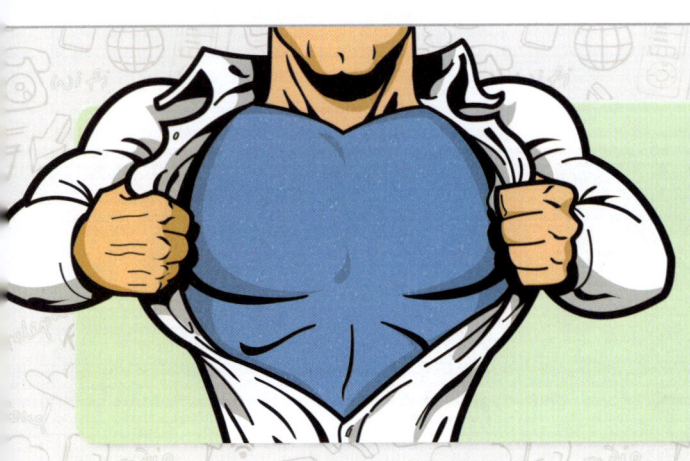

Como seria?

– Oi pai.

– Oi filha.

– Se eu tivesse um namorado, como ele deveria ser?

– À prova de bala. 😢😢

Jogo da verdade

No bar de sempre, três amigos batem um papo descontraído, até que um deles propõe:
– Que tal se cada um de nós contasse algo que nunca contou pra ninguém?

– Legal. — concorda o primeiro — Há dez anos que eu tenho um caso quentíssimo com a mulher do meu chefe!

O segundo confessa:
– Eu nunca contei isso pra ninguém… Eu sou homossexual! Ai, pronto, falei!

Os dois olham para o terceiro, para saber o que ele vai confessar:
– Ah, eu não sei bem como dizer…

– Coragem, cara! Vai em frente!

– OK, eu falo… É que… Eu não consigo guardar nenhum segredo!

Pegadinha

Hoje eu tava na padaria, entrou uma loira de 1,80m, olhos verdes, corpão lindo, muito gata. Ela olhou pra mim, sorriu, pediu meu Whats, falou que me achou supersimpático, um gato, e eu não pensei duas vezes... Dei uma rasteira nela, dois chutes na costela e gritei: "AQUI NÃO JOÃO KLEBER! Vai fazer Teste de Fidelidade na PUTA QUE PARIU!!!"

Relacionamento

Corno sim, besta não!

O marido chegou em casa e encontrou um liquidificador novo, então perguntou à mulher:
– Como você comprou esse liquidificador?

Ela respondeu:
– Ganhei no bingo. 😁

Na outra semana o marido chegou em casa, encontrou um sofá novo e perguntou:
– Como você comprou esse sofá?

A mulher responde:
– Ganhei no bingo. 😁

Na outra semana o marido chega em casa, encontra um TV HD 50" e pergunta:
– Mulher como você comprou essa TV tão cara?

A mulher responde:
– Ganhei no bingo. 😁

Quando a mulher foi tomar banho, escorregou no banheiro e caiu toda de pernas para cima, o marido correu e disse:
– Cuidado mulher, pra não rasgar a cartela!

Professora?

Depois de mais de 5 anos longe e sem dar notícias, a filha aparece em casa. O pai logo exige uma explicação.

– Virei prostituta e não tive coragem de contar.

O pai, fica descontrolado!
– Vagabunda, você é a vergonha da família. Nunca mais volte aqui!

– Desculpe pai, eu imaginava isso. Porém, só quero deixar essa escritura de um apartamento no Morumbi para a mamãe, uma poupança de 500 mil para o meu irmão. E pra você, esse Rolex e uma BMW zero que está estacionada na rua.

– O que você disse que era mesmo?

– Prostituta.

– Que susto filha! Eu entendi professora substituta, dá aqui um abraço no papai! 😂😂😂

Cotidiano

Gordinhos do bem

Falam mal de gordo, mas alguém já viu:

Um serial killer gordo?
Gordo terrorista?
Gordo assassino?

Cara, eles só ficam na deles comendo e não fazem mal a ninguém...

😍
😍

Triste sina de um homem

Hoje é o dia do meu aniversário... Meus pais, minha esposa e meus filhos não me parabenizaram. Fui para o trabalho, chegando lá, meus colegas agiram como se fosse um dia normal e também não me felicitaram. Quando entrei no meu escritório, minha secretária disse:
– Feliz aniversário, patrão!

Depois do almoço, ela me convidou para ir ao seu apartamento.

Eu fui até lá com ela. Então, ela me disse:
– Você se importa se eu for ao meu quarto por um minuto?

Eu disse:
– Ok, tudo bem!

5 minutos depois ela volta... com um bolo, minha esposa, meus pais, meus filhos e colegas gritando: "Surpresa!"

Eu estava esperando no sofá... PELADO!

Política >

Teoria da vaca

TIPOS DE GOVERNO

SOCIALISMO:
Você tem duas vacas, o Governo toma uma e dá para seu vizinho que não tinha nenhuma.

COMUNISMO:
Você tem duas vacas, o Governo toma as duas e dá a você um pouco de leite diariamente.

FASCISMO:
Você tem duas vacas, o Governo toma as duas e vende a você o Leite.

NAZISMO:
Você tem duas vacas, o Governo mata você e toma as duas vacas.

BUROCRACIA DE ESTADO:
Você tem duas vacas, o Governo toma as duas, mata uma e joga o leite da outra fora.

DEMOCRACIA:
Você tem duas vacas, vende as duas para o Governo muda para a cidade e arruma um emprego Público.

ANARQUISMO:
Você tem duas vacas, mata as duas e faz um churrasco.

CAPITALISMO SELVAGEM:
Você tem duas vacas, vende uma, compra um touro e o Governo toma os bezerros como imposto de renda na fonte.

GOVERNO PETISTA:
Sua vaca sumiu, ninguém sabe, ninguém viu!

😂😂

Joãozinho

Jeito de pensar

A professora pergunta na classe:
– Em uma árvore tem 5 pássaros, se você der 1 tiro em 1 deles, quantos ficarão?

Joãozinho depressa responde:
– Nenhum! A senhora vai dar 1 tiro e os pássaros vão fugir assustados.

A Professora:
– Não é essa resposta que eu queria, mas gosto do seu jeito de pensar!

Joãozinho, então, faz uma pergunta para a professora:
– Têm 3 mulheres comendo picolé. Uma morde, uma chupa e a outra lambe. Quem é casada?

A professora, envergonhada, pensa e fala:
– A que chupa!

Joaozinho responde:
– Não! É a que tem a aliança! Mas gosto do seu jeito de pensar. 😏😏

Nota 10

A professora pergunta para o Joãozinho:
– Joãozinho, me fale três pronomes!

– Quem? Eu? Porquê?

– Parabéns Joãozinho!

Na loja de imagens

Certo dia, Joãozinho foi pedir emprego em uma loja de imagens de santo. A dona da loja perguntou durante a entrevista:
– Por acaso você conhece cada uma dessas imagens da loja?

Com medo de não conseguir o emprego, ele mentiu:
– Sim, conheço todas!

Foi logo contratado. Mais tarde, veio uma velhinha e lhe pediu:

– Meu filho, eu queria uma linda imagem de São Jorge.

Ele foi buscar no estoque e quando voltou, vinha trazendo a imagem de São Pedro com uma chave na mão. A velhinha então perguntou:
– Espera aí menino, São Jorge não tinha um cavalo?

Joãozinho pensou rápido e disse:
– Tinha, mas vendeu. Agora, ele tem um carro. Olha só a chave na mão dele! 😁😁😁

Gaúcho

Entrevista de emprego

Quatro candidatos na mesma sala, seriam submetidos à mesma pergunta na presença dos demais e não poderiam repetir a resposta:

1º) Candidato de Belo Horizonte

– Qual é a coisa mais rápida do mundo?
  – Ora, é um pensamento.

– Por quê?
– Porque um pensamento ocorre quase instantaneamente.

– Muito bem, excelente resposta.

2º) Candidato do Rio de Janeiro

– Qual é a coisa mais rápida do mundo?
  – Um piscar de olhos.

– Por quê?
– Porque é tão rápido, que as vezes nem vemos.

– Ótimo.

3º) Candidata de São Paulo

– Qual é a coisa mais rápida do mundo?
  – A eletricidade.

– Por quê?
– Veja, ao ligarmos um interruptor, acendemos uma lâmpada a 5km de distância instantaneamente.

– Excelente.

4º) Candidato de Porto Alegre

– Qual é a coisa mais rápida do mundo?
  – Uma diarréia.

– Como assim? Está brincando? Explique isso...
  – Isso mesmo. Outra noite, eu tive uma diarréia tão forte, que antes que eu pudesse pensar, piscar os olhos ou acender a luz, já tinha me cagado todo.

– O emprego é seu!

Eita Gaúcho inteligente da peste!

Bulling

O gaúcho chega na escola da filha e fala para a professora:
– Mas bah tchê... vim ver o que é esse tal de bulling que minha guria diz que tá sofrendo.

A professora diz:
– Nossa! Isso é muito grave! Qual delas é a sua filha?

O gaúcho aponta:
– Aquela gorducha com cabeça de capivara.

Caipira

Visita ao médico

O caipira foi visitar o médico, que logo perguntou o que ele tinha.

– Uma muié, uma vaca e uma galinha.

– Não é isso que quero saber! – disse o médico – Quero saber o que o senhor está sentindo.

– Uai, eu tô sentindo vontade de separá da muié, vender a vaca e cumê a galinha com quiabo.

Contando vantagem

Quatro caipiras tomando uma pinga no bar, e quando ja estavam a mil por hora, resolvem contar vantagem:

Caipira 1: Eu tenho muito dinheiro, vou comprar o Citibank!

Caipira 2: Eu sou mais rico, vou comprar a General Motors!

Caipira 3: Eu sou magnata, vou comprar a Microsoft!

Os três ficam esperando o que o último caipira iria falar, nisso ele sussurra ao dono do bar:

– Num vendo nenhum deles!

Acidente

O gringo bate no carro do mineiro, desce e diz gentilmente:
– Hello.

E o mineiro responde:
– Relô é o escambau! Massô foi tudo ó!!!

Sorteio

O caipira ganhou um smartphone num sorteio.

Perguntado o que faria com o prêmio respondeu:
– Uai... O fone vou ficar pra mim e o ismart vou dar para minha irmã passar nas unha.

Política

Acidente de ônibus

Um dia, um monte de políticos viajando juntos em um ônibus, quando de repente ele capota na estrada e deixa muitos políticos mortos. Depois de um tempo a polícia chega ao local do acidente e o delegado pergunta a um fazendeiro que viu tudo o que aconteceu:

– Meu amigo, cadê os corpos?

– Eu enterrei todos eles doutor!

O delegado já meio assustado com a situação pergunta:

– E não tinha nenhum político vivo?

E o fazendeiro fala:

– Olha, uns até diziam que estavam vivos, mas o senhor sabe como é político né, duuuuro de acreditar!

Curso de gramática

"Filho da puta" é **adjunto adnominal** quando a frase for: "Conheci um político filho da puta".

Se a frase for "O político é um filho da puta", aí é **predicativo**.

Agora, se a frase for "Esse filho da puta é um político", é **sujeito**.

Porém, se o cara aponta uma arma para a testa do político e diz "Agora nega o roubo, filho da puta!", aí é **vocativo**.

Finalmente, se a frase for "O ex-ministro, aquele filho da puta, desviou dinheiro da Petrobras", aí é **aposto**.

Que língua a nossa, não?!

Agora vem o mais importante para o aprendizado. Se estiver escrito "Saiu da presidência em janeiro de 2010 e ainda se acha presidente", o filho da puta é **sujeito oculto**.

Felicidade

Diz o Ministro para sua secretária:
– Dona Márcia, vou atirar esta nota de 100 reais pela janela e fazer um brasileiro feliz.

– Sr. Ministro, não acha preferível atirar 2 de 50 e fazer 2 brasileiros felizes? – diz a secretária.

– Não faça isso, Sr. Ministro! Atire 20 notas de 5 e faça 20 brasileiros felizes! – diz o escriturário lá no seu canto.

Ouvindo tudo isso, a senhora da limpeza não resiste:
– Aqui... Porque é que o senhor Ministro não se atira da janela e faz logo milhões de brasileiros felizes?

Cotidiano

Desaparecido

Enquanto isso na delegacia:

– Dr. Delegado, meu marido saiu de casa ontem a noite para comprar arroz e até agora não voltou, o que eu faço?

– Sei lá. Faz macarrão.

No quartel...

– Qual seu nome soldado?

– Marcelo, senhor!

– Tá maluco soldado?! Não sei em qual escola de boiola você estudou, mas aqui ninguém chama o outro pelo primeiro nome. Sem intimidades! Sobrenome soldado?

– Paixão, senhor. Marcelo Paixão!

– Então Marcelo, como eu estava te falando... 😂😂😂

Sou menino!

Dois bebês na maternidade:

– Oi, você é menina?
– Sou sim, e você?
– Sou menino.
– E como você sabe?
– Deixa a enfermeira sair que eu te mostro. – disse o menino com cara de safado. – Ei, ela já saiu, me mostra?

O Menino levanta o lençol e diz: "Tá vendo?"
– Meu sapatinho é azul. 😜

Cotovelo

O neto conversa com sua nona italiana ao telefone. Ela indica sua moradia ao neto, que quer visitá-la com sua mulher:

– Quando vocês chegarem no prédio, na porta de la frente tem um grande painel. Lo moro no apartamento 301. Aperta o botón do interfono com o cotovelo, que io abro a porta. Doppo entra, o elevatore é à direita. Aperta o três com o cotovelo. Quando ocês saírem do elevatore, mio apartamento é em la esquerda. Com o cotovelo, aperta la sineta. Tcherto?

– Nona, parece fácil, mas... por que tenho que apertar todos esses botões com o cotovelo?

– Maaaah que, Dio mio! Tão vindo de mão vazia? Porca miséria!

😂😂😂

74

Política >

Política bem explicada

O filho fala para o pai:
– Pai, eu preciso fazer um trabalho para a escola, posso te fazer uma pergunta?

– Claro meu filho. Qual é a pergunta?

– O que é Política, pai?

– Bem, política envolve: Povo; Governo; Poder econômico; Classe trabalhadora; e o Futuro do país.

– Não entendi. Dá para explicar?

– Bem, vou usar a nossa casa como exemplo: Sou eu quem traz dinheiro para casa, então eu sou o Poder Econômico. Sua mãe administra e gasta o dinheiro, então ela é o Governo. Como nós cuidamos das suas necessidades, você é o Povo. Seu irmãozinho é o Futuro do País e a Zefinha, babá dele, é a Classe Trabalhadora.

– Entendeu, filho?

– Mais ou menos, pai. Vou pensar.

Naquela noite, acordado pelo choro do irmãozinho, o menino, foi ver o que havia de errado. Descobriu que o irmãozinho tinha sujado a fralda e estava todo emporcalhado.

Foi ao quarto dos pais e viu que sua mãe estava num sono muito profundo. Foi ao quarto da babá e viu, através da fechadura, o pai na cama com ela transando.

Como os dois nem percebiam as batidas que o menino dava na porta, ele voltou para o quarto e dormiu. Na manhã seguinte, na hora do café, ele falou para o pai:
– Pai, agora acho que entendi o que é política.

– Ótimo filho! Então me explica com suas palavras.

– Bom, pai, acho que é assim: Enquanto o Poder Econômico fode a Classe Trabalhadora, o Governo dorme profundamente. O Povo é totalmente ignorado e o Futuro do País fica todo cagado!

SABEDORIA DE ZapZap

Se tu pesas 90kg na Terra, significa que em Marte pesas apenas 35kg.

Ou seja, tu não estás gordo, estás apenas no planeta errado!

Relacionamento

A serpente

Dois agentes do IBGE chegam em uma casa para fazer o Censo 2016 e perguntam:
– Seu nome?
– Adão.

– Nome da esposa?
– Eva.

– Incrível! Não vai me dizer que a serpente também mora aqui?

– Amoooorr... Chama sua mãe que tem uns caras aqui querendo falar com ela!

Joalheria

A mulher, zangada com seu marido, liga para ele:

– Hey... seu ordinário, vagabundo, pilantra! Aonde você se enfiou?

– Oi amor... desculpa por não te ligar antes.

– Onde você está seu irresponsável?

– Lembra daquela joalheria que você viu aquele lindo anel de diamantes, e disse que tinha amado?

– Sim amorzinho, lindo, paixão da minha vida...

– Então... Tô no bar ao lado!

O filho no ônibus

O pai diz para o filho:
– Filho, quando você entrar no ônibus diga que você tem 9 anos.

O filho questiona:
– Mas pai, eu não tenho 10?

O pai diz:
– Sim, mas se você falar que tem 10 eu vou ter que pagar sua passagem.

O ônibus chega, eles entram e o cobrador pergunta para o menino:
– Quantos anos você tem?

O menino responde:
– Tenho 9.

O cobrador então retruca:
– E quando você faz 10?

E o menino responde:
– Quando eu descer do ônibus. 😂

Joãozinho >

Santa tecnologia

Joãozinho estava viciado em facebook e whatsapp, então sua mãe preocupada levou-o à igreja. No culto o pastor peregunta ao menino:

– Joãozinho, você aceita Jesus?

– Claro! Pede pra ele me adicionar...

SABEDORIA DE ZapZap

Chifre é igual anemia: só tem quem não come direito.

Amigo do Joãozinho

A mãe pergunta ao Joãozinho:

– Joãozinho, por que é que você já não passa tempo com o seu amigo Marco?

Joãozinho responde:

– Mãe, você gostaria de passar tempo com alguém que fuma, bebe e fala palavrões?

– Claro que não, Joãozinho!

– Pois é mãe, o Marco também não gosta. 😝

Driblando a morte

A morte veio buscar o Joãozinho, pois chegou o dia dele. Disse a morte:

– Meu jovem, é seu último dia de vida. Qual seu último desejo antes de morrer?

– Eu quero ver o clássico Vasco X Botafogo na série A.

– Ah, safado! Você quer vida eterna, né? 😒😠

BAR x ACADEMIA

Por que será que é mais fácil frequentar um bar, do que uma academia?

Para resolver esse grande dilema, frequentamos os dois (o bar e a academia) por uma semana. Vejam o resultado desta importante pesquisa:

Vantagem numérica

Existem mais bares do que academias. Logo, é mais fácil encontrar um bar no seu caminho.

BAR 1 X 0 ACADEMIA

Ambiente

No bar, todo mundo está alegre. É o lugar onde a dureza do dia a dia amolece no primeiro gole de cerveja.

Na academia ao contrário, todo mundo fica suando, carregando peso, sofrendo, bufando e fazendo cara feia.

BAR 2 X 0 ACADEMIA

Amizade simples e sincera

No bar, ninguém fica reparando se você está usando o tênis da moda. Os companheiros do bar só reparam se o seu copo está cheio ou vazio.

BAR 3 X 0 ACADEMIA

Compaixão

Alguém já te deu uma semana de ginástica de graça? No bar, com certeza, você já ganhou uma cerveja 'por conta'.

BAR 4 X 0 ACADEMIA

Liberdade

Você pode falar palavrão na academia?

BAR 5 X 0 ACADEMIA

Libertinagem e democracia

No bar, você pode dividir um banco com outra pessoa do sexo oposto, ou do mesmo sexo, problema é seu.

Na academia, a possibilidade de dividir um aparelho pode dar até briga.

BAR 6 X 0 ACADEMIA

Saúde

Você já viu um butequeiro reclamando de dores musculares, joelho bichado, tendinite? O máximo que ele pode dizer é que o torresmo não está bem frito, e só.

BAR 7 X 0 ACADEMIA

Saudosismo

Por acaso já tocou a sua música romântica preferida na academia? É sempre aquele 'bate-estaca', não é?

BAR 8 X 0 ACADEMIA

Emoção

Onde você comemora a vitória do seu time? No bar ou na academia?

BAR 9 X 0 ACADEMIA

Memória

Você já aprontou algo na academia digno de contar para os seus netos?

BAR 10 X 0 ACADEMIA

Portanto, se você tem amigos na academia, repasse esta mensagem para salvá-los do mau caminho!

Conclusão: Pro raio que o parta a academia...

Todos pro Buteco!

PS: Você já fez amizade com alguém bebendo energético?

Caipira

Preferência nacional

Um pesquisador fez um levantamento nacional para saber as coisas que o homem brasileiro mais gostava. Em todos os cantos do País a resposta era uma só: Dinheiro e mulher! Em todos os estados da federação, os homens respondiam de pronto: Dinheiro e mulher.

Quase ao final da pesquisa, ele encontrou um mineirinho do interior sentado de cócoras a beira da estrada pitando um cigarro de palha e o abordou.

– Bom dia. O mineirinho deu uma tragada, cuspiu de lado e respondeu: "Dia, sô."

– Estou fazendo uma pesquisa para saber as coisas que o homem brasileiro mais gosta. O senhor pode me responder?

O mineirinho deu mais uma tragada e mais uma cuspida:

- Uai, sô. As coisa que os ómi mais gosta eh dinheiro, muié e bicho de pé. O pesquisador, estranhando a inclusão do item bicho de pé na resposta, perguntou:

– Olha, todo mundo falou dinheiro e mulher. Mas e bicho de pé?

Mais uma tragada e mais uma cuspidinha, o mineirinho retrucou:

– Uai, sô. Que que dianta nóis tê dinheiro e muié se o bicho num tivé de pé?

Na rodoviária

O caípira chegou no guichê da empresa de ônibus e pediu:

– Moço, por favô, preciso duma passagem pra Anastácia, ida e vorta.

O atendente falou:

– Aqui não vendemos passagem para Anastácia senhor.

O caipira virou-se para sua mulher e falou:

– Uai, simbora Anastácia. O moço disse que num vende passagem pro cê.

Casamento

Só o conhecimento salva

Em um largo rio, de difícil travessia, havia um barqueiro que atravessava as pessoas de um lado para o outro. Em uma das viagens, iam um advogado e uma professora.

Como quem gosta de falar muito, o advogado pergunta ao barqueiro:

– Companheiro, você entende de leis?

— Não! – Respondeu o barqueiro.

E o advogado compadecido:

— É pena, você perdeu metade da vida.

A professora muito social entra na conversa:

— Seu barqueiro, você sabe ler e escrever?

Também não, respondeu o barqueiro.

— Que pena! Condói-se a mestra.

— Você perdeu metade de sua vida!

Nisso chega uma onda bastante forte e vira o barco.

O barqueiro preocupado, pergunta:

— Vocês sabem nadar?

— NÃO! Responderam eles rapidamente.

— Então é uma pena- Conclui o barqueiro.

— Vocês perderam toda a vida.

😏

Não há saber maior ou saber menor. Há saberes diferentes.

Sacaneou

Um dia, o português resolveu tirar onda com a cara do japonês:

– Ó pá Kioto, me falaram que teu "instrumento" é bem pequenininho.

– Ohh... Entôn quer dizer que seu mulher já te contou?

< **Maluco**

Doidos em fuga

Na aula de pintura, o já tradicional doido pegou o pincel e pintou uma porta na parede. Depois, chegou para o médico e disse:

— Hey, olha só o que eu vou fazer... HEY GALERA, VAMOS FUGIR! TEM UMA PORTA AQUI!!! Os doidos saíam correndo, trombavam na parede e se esborrachavam no chão.

O médico pensou: "Esse aí já deve estar bom, olha só o que ele fez". Aí o doido disse:

— Doutor, olha como esses caras são burros, não sabem que a chave está comigo.

Com dor no coração

Na aula de Ciências, o professor pergunta ao aluno:

— O que se deve fazer quando alguém está sentindo dores no coração?

— Apagar a luz, professor!

— Apagar a luz? Como assim, você ficou maluco?

— Ora, professor, o senhor nunca ouviu dizer que o que os olhos não vêem o coração não sente?

82

Cotidiano

Diga que me amas e te direi quem és

Um grupo de mulheres se reuniu em um seminário sobre como melhorar a vida conjugal. O palestrante perguntou quais delas ainda amavam seus maridos. Todas levantaram a mão.

Então ele perguntou qual havia sido a última vez que elas tinham dito aos maridos que os amavam. A maioria não se recordava.

Então ele sugeriu que elas pegassem seus celulares e escrevessem "Te amo, querido" e enviassem aos maridos pelo WhatsApp.

Depois ele pediu que todas mostrassem as respostas. Segue a seguir algumas delas:

1. Você está bem?
2. O que foi? Bateu o carro de novo?
3. Diga logo o que foi.
4. O que você quer dizer com isso?
5. Nem tente me enganar. Diga logo de quanto você precisa.
6. Aí tem.
7. Se não me disser agora para quem era essa mensagem, eu juro que te mato!

Mas a melhor de todas foi essa:

8. Quem é?!

Polonês no oftalmolista

Um polonês vai ao oftalmologista, que lhe mostra as letras no telão:

C Z J W I N O S T A W C S

– Você consegue ler isto? Pergunta o médico.

– Ler? Eu conheço esse cara!

Cotidiano

A herança

Deitado em seu leito de morte, Salim chama o seu filho mais velho, tira um antigo relógio do bolso com dificuldade e diz:

– Filho... Está vendo este relógio aqui?

– Sim, papai... - responde o filho, com lágrimas nos olhos.

– Ele era do meu bisavô! - continuou o pai - Depois ele foi passado para o meu avô... depois para o meu pai... depois para mim... e agora chegou a sua vez... Quer comprar?

SABEDORIA DE ZapZap

Um astrólogo peruano diz que 2017 será o ano do consumismo:

Você ficará *con su mismo* imóvel, *con su mismo* carro, *con su mismo* vestuário e, se tiver muita sorte, *con su mismo* emprego.

Passarinho me contou

O pai fala para o filho:

– Filho, um passarinho me contou que você anda fumando maconha.

E o filho responde:

– Fumando maconha deve estar o senhor, que anda falando com passarinho...

Bebida diferente

Dois bêbados andando em cima da ponte de repente um deles cai na água e morre afogado.

Quando o bêbado estava sendo retirado da água pelo os bombeiros, o outro bêbado chorando e lamentando a morte do outro diz:

– Tantos anos bebendo cachaça... e na primeira vez que bebe água morre!

84

Cotidiano >

Gripe

O cara perguntou:

– Hey, como está a gripe aí no Ceará?

O cearense respondeu:

– Aqui tá empatado.

– Como assim empatado?

– H1, N1 😝😝

Chifre trocado

Um homem contava vantagem conversando o amigo:

– Rapaz, eu tenho uma sorte incrível.

– Ganhaste na loteria?

– Nada disso. Ontem a noite eu vinha saindo com a minha amante de um desses motéis de beira de estrada justamente na hora que minha mulher ia entrando em outro carro. Ela não me viu... Ufa!

Me empresta um real?

O judeu chega ao banco e fala para o gerente:

– Eu quero fazer um empréstimo.

Surpreso, o gerente pergunta:

– Você, judeu, querendo um empréstimo? De quanto?

– Um real.

– Um real?

– Ah, isso eu mesmo te dou.

– Não, não! Eu quero emprestado do banco mesmo! Um real.

– Bem, são 12% de juros, para 30 dias...

– Sem problemas. Vai dar um real e doze centavos. Onde eu assino?

– Um momento senhor, o banco precisa de uma garantia. Sabe como é né? Essas são as normas.

– Pode pegar minha caminhonete zerinha, que tá aí fora e deixa guardado na garagem do banco, até eu pagar o empréstimo.

– Tá bom assim?

– Feito!

Chegando em casa, o judeu diz para a mulher:

– Pronto mulher, nóis já pode viajar sem preocupar. Consegui deixar a caminhonete na garagem do Banco por 30 dias, e eu só vou pagar 12 centavos de estacionamento!

Casamento

Cara de sorte

Esposa pergunta para o marido:

– Tá vendo aquele cara bêbado ali?

– O que tem ele?

– 10 anos atrás ele me pediu em casamento e eu recusei.

– Caracas! E o filho da puta tá comemorando até hoje! 😁😁

Conversa de casados

– Querido, o que você prefere? Uma mulher bonita ou uma mulher inteligente?

– Nem uma, nem outra. Você sabe que eu só gosto de você.

Marido milionário

Duas mulheres estavam conversando então uma delas disse:

– Depois de se casar comigo meu marido tornou-se milionário!

Então a outra perguntou:

– Antes de se casar com você ele era o quê?

A outra respondeu:

– Bilionário! 😝😝

O presente

O marido chega em casa com um presente para a mulher. Quando ela abre e vê 12 calcinhas iguais, reclama:

– Porque todas iguais e da mesma cor? As pessoas vão pensar que eu nunca troco de calcinha.

O marido:

– Quais pessoas?

Silêncio constrangedor.

Bêbado

Campeão de boteco

Marcão levanta seu copo de cerveja e brinda:

– Gosto tanto de sexo que eu quero passar o resto da minha vida entre as pernas da minha esposa!

Isto lhe rendeu o prêmio máximo no boteco do Melhor Brinde da Noite! Voltou para casa e disse à sua esposa:

– Maria, eu ganhei o prêmio do "Melhor Brinde da Noite"!

– Parabéns! E qual foi o brinde?!

Sem coragem de contar a verdade, ele falou:

– Eu brindei: "Quero passar o resto da minha vida na igreja, sentado ao lado da minha mulher".

– Puxa, isso foi realmente muito bonito!

No dia seguinte, Maria encontrou um dos amigos de Marcão, que riu furtivamente e disse:

– Sabe, dona Maria, que o Marcão ontem ganhou o prêmio de melhor brinde da noite? E o brinde foi sobre você!

– Sim, ele me contou, fiquei surpresa, pois ele não é muito chegado no assunto. Desde que casamos ele esteve lá poucas vezes... Ele custa pra entrar, entra meio contrariado, e da última vez caiu no sono antes da "bênção final".

Mamãe e papai

Estava um bêbado no ônibus, cantando sozinho, em voz alta, incomodando os passageiros:

– Se meu pai fosse um pato e minha mãe um pata, eu seria um patinho... Se meu pai fosse um cachorro e minha mãe uma cadela, eu seria um cachorrinho... Se meu pai fosse um gato e minha mãe uma gata, eu seria um gatinho... Se meu pai fosse um...

Irritado, o cobrador resolveu tomar uma atitude:

– Ô meu chapa, escuta aqui... – interrompeu o cobrador, em altos brados, levantando-se e caminhando em sua direção.

– E se teu pai fosse um viado e tua mãe uma puta?

– Aí eu seria cobrador!

87

Cotidiano

Debaixo da batina

Uma Senhora muito distinta estava em um avião vindo da Suíça. Vendo que estava sentada ao lado de um padre simpático, perguntou:

– Desculpe-me, padre, posso pedir-lhe um favor?

– Claro, minha filha, o que posso fazer por você?

– É que eu comprei um novo secador de cabelo sofisticado, muito caro. Eu realmente ultrapassei os limites da minha cota e estou preocupada com a alfândega. Será que o Senhor poderia levá-lo debaixo de sua batina?

– Claro que posso, minha filha, mas você deve saber que eu não posso mentir!

– O Senhor tem um rosto tão honesto, Padre, que estou certa de que eles não lhe farão nenhuma pergunta.

E lhe deu o secador. O avião chegou a seu destino. Quando o padre se apresentou à Alfândega, lhe perguntaram:

– Padre, o senhor tem algo a declarar?

O padre prontamente respondeu:

– Do alto da minha cabeça até a faixa na minha cintura, não tenho nada a declarar, meu filho.

Achando a resposta estranha, o fiscal da alfândega perguntou:

– E da cintura para baixo, o que o senhor tem?

– Eu tenho um equipamento maravilhoso, destinado ao uso em especial para as mulheres, mas que nunca foi usado.

– Caindo na risada, o fiscal exclamou:

– Pode passar, Padre! Próximo...

A inteligência faz a diferença. Não é necessário mentir, basta escolher as palavras certas.

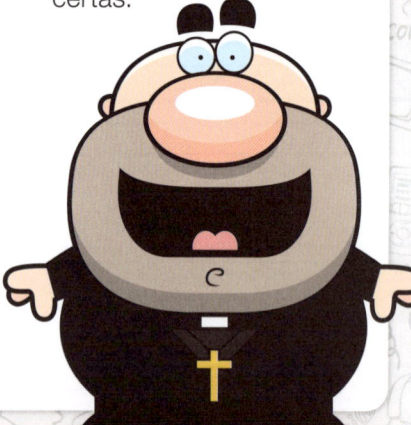

AVISO IMPORTANTE

Galera, quem tiver interesse, um amigo meu comprou um ingresso para a final da Libertadores sem ter se dado conta de que caía bem no dia do seu casamento. Por isso, se alguém tiver interesse de ir no lugar dele, o casamento vai ser na igreja do Carmo, a noiva se chama Sandra, está tudo pago, é só aparecer e casar.

Loira >

A loira no zoológico

Ao chegar perto da jaula do leão, a loira vê uma placa:

CUIDADO COM O LEÃO!

Mais à frente, outra jaula, outra placa:

CUIDADO COM O TIGRE!

Mais à frente:

CUIDADO COM O URSO!

Então ela chega a uma jaula vazia com a placa:

CUIDADO: TINTA FRESCA!

Desesperada, a loira corre aos gritos:

– Corre! Corre! O tinta fresca fugiu! O tinta fresca fugiu!!!

No escritório

Como você sabe que uma loira usou o computador?

Quando o monitor está cheio de liquid paper.

Como você sabe que outra loira usou o computador?

Quando algo foi escrito sobre o liquid paper.

Rapidinhas

Por que a loira fica feliz quando vê um relâmpago?
Porque acha que está sendo fotografada

Por que a loira coloca o dicionário para ferver?
Para fazer sopa de letrinhas

Qual é o jeito mais fácil de matar uma loira?
Coloque um espelho no fundo da piscina dela

O que é uma loira com o cabelo pintado de preto?
Inteligência artificial

Como uma loira tenta matar um passarinho?
Jogando-o de cima de um penhasco

Por que as loiras não sentam na janela nos aviões?
Para não desmanchar o penteado

O que fazer se uma loira atirar uma granada em você?
Puxe o pino e jogue de volta para ela

Por que a loira ficou toda orgulhosa quando resolveu um quebra-cabeça em 8 meses?
Porque na caixa estava escrito "de 4 a 6 anos"

Qual a semelhança entre uma loira e uma garrafa de cerveja?
Do pescoço pra cima elas não tem nada

Cotidiano

Novo vírus

Uma nova doença vem se alastrando pelo Brasil e já foi identificada: trata-se da **Zera**. O vírus arrasador dessa doença **zera** seu bolso, sua carteira, seus armários e geladeira, **zera** sua conta e dá uma dor de cabeça enorme. Um dos remédios mais eficazes chama-se Salário, mas anda em falta no mercado. Esse vírus é transmitido por um mosquito chamado **Politicus Ladronesis**. Todo cuidado é pouco.

Vice campeão

Um uruguaio, cansado de ouvir o seu amigo argentino contar vantagens, em dado momento da conversa lhe pergunta:

– Entonces? Qué se pasó en la Guerra de las Malvinas?

E o argentino: – Bien, fuemos vice-campéon!

O português estava dirigindo em uma estrada, quando viu uma placa que dizia:

CURVA PERIGOSA À ESQUERDA

Ele não teve dúvidas...

Virou à direita.

O bode

Era manhã, cidadezinha do Ceará... Em frente a sede do Ministério Público, passava uma garotinha conduzindo umas cabras. Com esforço a garotinha fazia caminhar o rebanho.

Uma promotora, que observava a cena, começou a imaginar se aquilo não seria um típico caso de exploração de trabalho infantil e foi conversar com a menina.

– Olá, minha jovem. Como é o seu nome?

– Rosineide.

– O que é que você está fazendo com essas cabras, Rosineide?

– É pro bode cobrir elas. Estou levando elas lá pro sítio do seu João.

– Me diga uma coisa, Rosineide, seu pai ou seu irmão não podiam fazer isso?

– Pois é, eles já fizeram... Mas num dá cria... Tem que ser o bode mesmo!

90

Clássicas

O tatu do advogado

O advogado estava viajando de carro pela estrada, quando um tatu decide atravessar a via bem na frente do seu carro. Ele parou, pegou o tatu, colocou no porta-malas e seguiu viagem. Pouco à frente, uma blitz da polícia rodoviária o parou. Pediram os documentos, para ele descer do carro e abrir o porta-malas. Dentro, o policial vê o tatu e exclama:

– Rapaz, você é louco?! Esse animal é silvestre, isso pode te dar cadeia! Se eu chamar a policia ambiental você está frito.

O advogado explica:

– Que nada policial, esse tatu é meu. De estimação. Está comigo desde novinho. Se você soltar ele no chão eu dou dois assobios e ele volta e fica do meu lado. Ele é treinado.

O policial diz:

– Não acredito nessa sua história.

– Então solte ele e verá! – diz o advogado.

O policial pega o tatu, solta no chão e ele corre para o mato. O policial então pede pro advogado:

– Agora chame o tatu de volta.

E o advogado pergunta:

– Que tatu? 😁😁

A jumenta e o delegado

Um delegado foi transferido para o sertão. Ao chegar na cidadezinha, foi logo avisado:

– Olha seu dotô, não tem mulher na cidade visse. Quando o dotô quiser transar, tem que ir até a beira do rio.

O delegado, sem entender direito, seguiu com seu trabalho. Depois de meses no atraso sexual, ele resolveu ir até a tal "beira do rio". Chegando lá se deparou com uma fila imensa de homens e uma jumenta. Diante do delegado, os homens, por respeito, deixaram ele passar na frente e ele não perdeu tempo, abaixou a calça e mandou ver na jumenta!

Então um homem no final da fila grita:

– Hey delegado, a jumenta era só pra atravessar o rio, o puteiro fica do outro lado!

Cotidiano

Amendoins da Velhinha

Uma velhinha sentada atrás do motorista do ônibus oferece alguns amendoins para o moço, que aceita. Passado um tempo ela oferece mais alguns. O motorista come e pergunta para a velhinha:

– Esses amendoins são muito bons, por que a senhora não come?

– Porque não posso. Veja a minha boca, não tenho dentes!

Responde a senhora.

O motorista faz outra pergunta:

– Então por que a senhora compra?

E a velhinha responde:

– Porque gosto do chocolate que vem em volta deles.

SABEDORIA DE ZapZap

- A comida demora 7 segundos para passar da boca ao estômago.
- O cabelo humano pode aguentar 3 quilos.
- O cumprimento do pênis é 3 vezes o cumprimento do polegar.
- O fêmur é tão duro como o cimento.
- O coração da mulher bate mais rápido que o do homem.
- Mulheres piscam os olhos duas vezes mais que os homens.
- Nós usamos 300 músculos só para nos equilibrar quando estamos de pé.
- A mulher leu o texto inteiro.
- O homem ainda está olhando para o tamanho do polegar.

Do contra

No casamento, o padre diz:

– Se tiver alguma pessoa que é contra esse casamento, que fale agora ou cale-se para sempre!

Então, só um levantou a mão. E o padre diz:

– Meu filho, não vale... Você é o noivo!

Clássicas

Amigas de baladas

Duas amigas passaram a noite toda bebendo.

Quando voltavam para casa, resolveram fazer xixi num cemitério, próximo a uma tumba.

A primeira se abaixou, urinou, tirou a calcinha, se secou e jogou-a fora. A outra urinou e quando acabou, pensou: "eu não vou jogar a minha calcinha nova fora".

Agiu rápido e puxou a fita de uma coroa que estava sobre o túmulo e se secou.

Na manhã seguinte, o marido de uma ligou para o marido da outra e disse:

- A coisa está feia. A minha mulher chegou ontem com a cara cheia de cachaça e sem calcinha.

Aí o outro respondeu:

- Pior foi a minha, que chegou com uma fita presa na calcinha com os dizeres: "Jamais te esqueceremos: Fabrício, Tiago e Bruno".

Relacionamento

POR QUE OS CASAIS BRIGAM

Minha esposa estava me dando dicas sobre o que ela queria para seu aniversário que estava próximo. Ela disse:

– Quero algo que vá de 0 a 100 em cerca de 3 segundos.

Eu comprei uma balança para ela.

Pronto, DO NADA a briga começou...

Quando cheguei em casa do trabalho ontem, minha esposa exigiu que a levasse a algum lugar caro.

Não tive dúvidas, a levei ao posto de gasolina.

Pronto, DO NADA a briga começou...

Relacionamento

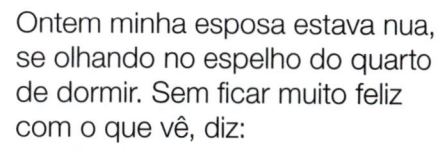

Ontem minha esposa estava nua, se olhando no espelho do quarto de dormir. Sem ficar muito feliz com o que vê, diz:

– Sinto-me horrível! Pareço velha, gorda e feia. Eu realmente preciso de um elogio seu.

Eu disse:

– Veja pelo lado positivo querida, sua visão está ótima!

Pronto, DO NADA a briga começou...

Minha mulher sentou-se no sofá junto a mim, enquanto eu passava pelos canais, e perguntou:

– O que tem na TV?

Respondi: – Poeira.

Pronto, DO NADA a briga começou...

Chego em casa e encontro a esposa de espartilho, cinta liga, luva de renda e uma mascara sensual. Então perguntei:

– E aí Batman, a janta tá pronta?

Nem briga teve... Meu sepultamento será amanhã as 17h. Rezem por mim e que Deus me receba!

Caipira

A rifa da mula

Um caipira com sérios problemas financeiros vendeu sua mula para um outro amigo fazendeiro por R$100,00. O amigo pagou e concordou em receber a mula e no dia seguinte.

Contudo, no dia seguinte o caipira chegou coma notícia:

– Cumpadi, cê me discurpa, mais a mula morreu.

– Morreu?

– Morreu.

– Intão me devorve o dinheiro uai.

– Ih... já gastei.

– Tudo?

– Tudin.

– Intão me traiz a mula.

– Morta?

– É, uai, ela num morreu?

– Morreu. Mais qui cê vai fazê com uma mula morta?

– Vou rifá.

– Rifá?

– É, uai.

– A mula morta? Quem vai querê?

– É só num falá qui ela morreu.

– Intão tá intão.

Um mês depois os dois se encontram e o fazendeiro que vendeu a mula pergunta:

– Ô Cumpadi, e a mula morta, rifou?

– Rifei. Vendi 500 biete a 2 real cada. Faturei 998 real.

– Eita, que coisa boa! Mas, ninguém recramô dela tá morta?

– Só o homi qui ganhô.

– E o que o cê fez?

– Devorvi os 2 real dele, uai.

😜😜

Cotidiano

Confiança total

Alguns professores de uma faculdade de engenharia foram convidados a entrar em um avião.

Após todos se acomodarem confortavelmente, eles foram informados de que o avião havia sido construído por seus alunos.

Todos eles levantaram e correram desesperadamente para fora do avião, quase em pânico.

Somente um professor permaneceu sereno e sentado em seu lugar. Quando lhe perguntaram o motivo de tanta calma, ele explicou:

– Sei da capacidade dos meus alunos, se foram eles que construíram, tenho total confiança de que essa merda não vai nem dar a partida.

SABEDORIA DE ZapZap

O inquilino que mais sofre é o espermatozoide:

Mora com milhões de irmãos na casa do cacete. O apartamento é um ovo. O prédio é um saco. Os vizinhos da frente, uns pentelhos. O de trás só faz merda. E o proprietário, quando fica duro, bota todo mundo pra fora.

Entrevista

– Meu nome é Jaqueline, tenho 12 anos e já dei para 3.

– Já o que?!?

– Queline...

Impressão e acabamento:
Gráfica Araguaia